北朝鮮の未来透視に挑戦する

エドガー・ケイシーリーディング

同時収録 金《キム》日成《イルソン》の霊言

Ryuho Okawa
大川隆法

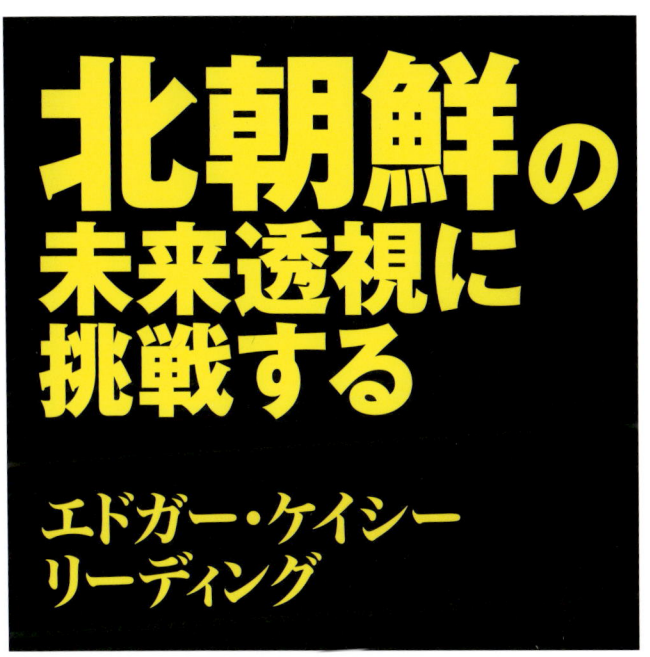

本書第1部のリーディング（写真上）、および第2部の霊言（写真下）は、
2013年2月14日に、幸福の科学総合本部にて、質問者との対話形式で
公開収録された。

まえがき

昨年末の弾道ミサイル実験に続いて、北朝鮮は三度目の地下核実験を強行した。これで、名実ともに核保有国の仲間入りをしたと思われる。韓国でも、自国のミサイル発射実験の映像を流して対抗できるスタイルを見せたり、早くも「核開発すべきだ」との意見が出て来ている。

ピンボケの日本の週刊誌は、そろって、中国軍が日本を攻めるとか、東京空襲するとかの特集を組んでいるが、そんなことは、昨年、私が製作総指揮した映画『ファイナル・ジャッジメント』と『神秘の法』で警告済みのことだ。遅れている。北朝鮮の弾道ミサイル発射と核実験を見れば、『幸福実現党』が昨夏から、日本の反原発運動に対し、亡国の平和運動であるとして、断固として許さなかった理由が判るであろう。政治・外交・軍事後進国のこの国が、本書によって少しでも現実に目覚めてくれることを望む。

二〇一三年　二月十五日

幸福《こうふく》の科学《かがく》グループ創始者兼総裁《そうししゃけんそうさい》　大川隆法《おおかわりゅうほう》

北朝鮮の未来透視に挑戦する　目次

まえがき　1

第1部　「北朝鮮」の運命をリーディングする

――エドガー・ケイシーとの対話――

二〇一三年二月十四日　収録
東京都・幸福の科学総合本部にて

第2部「金日成」を霊査《れいさ》する

二〇一三年二月十四日　収録
東京都・幸福の科学総合本部にて

4　金日成が最終的に目指すもの　

「霊言現象《れいげん》」とは、あの世の霊存在の言葉を語り下ろす現象のことをいう。これは高度な悟《さと》りを開いた者に特有のものであり、「霊媒現象《れいばい》」（トランス状態になって意識を失い、霊が一方的にしゃべる現象）とは異なる。外国人霊の霊言の場合には、霊言現象を行う者の言語中枢《ちゅうすう》から、必要な言葉を選び出し、日本語で語ることも可能である。

なお、「霊言」は、あくまでも霊人の意見であり、幸福の科学グループとしての見解と矛盾《むじゅん》する内容を含《ふく》む場合がある点、付記しておきたい。

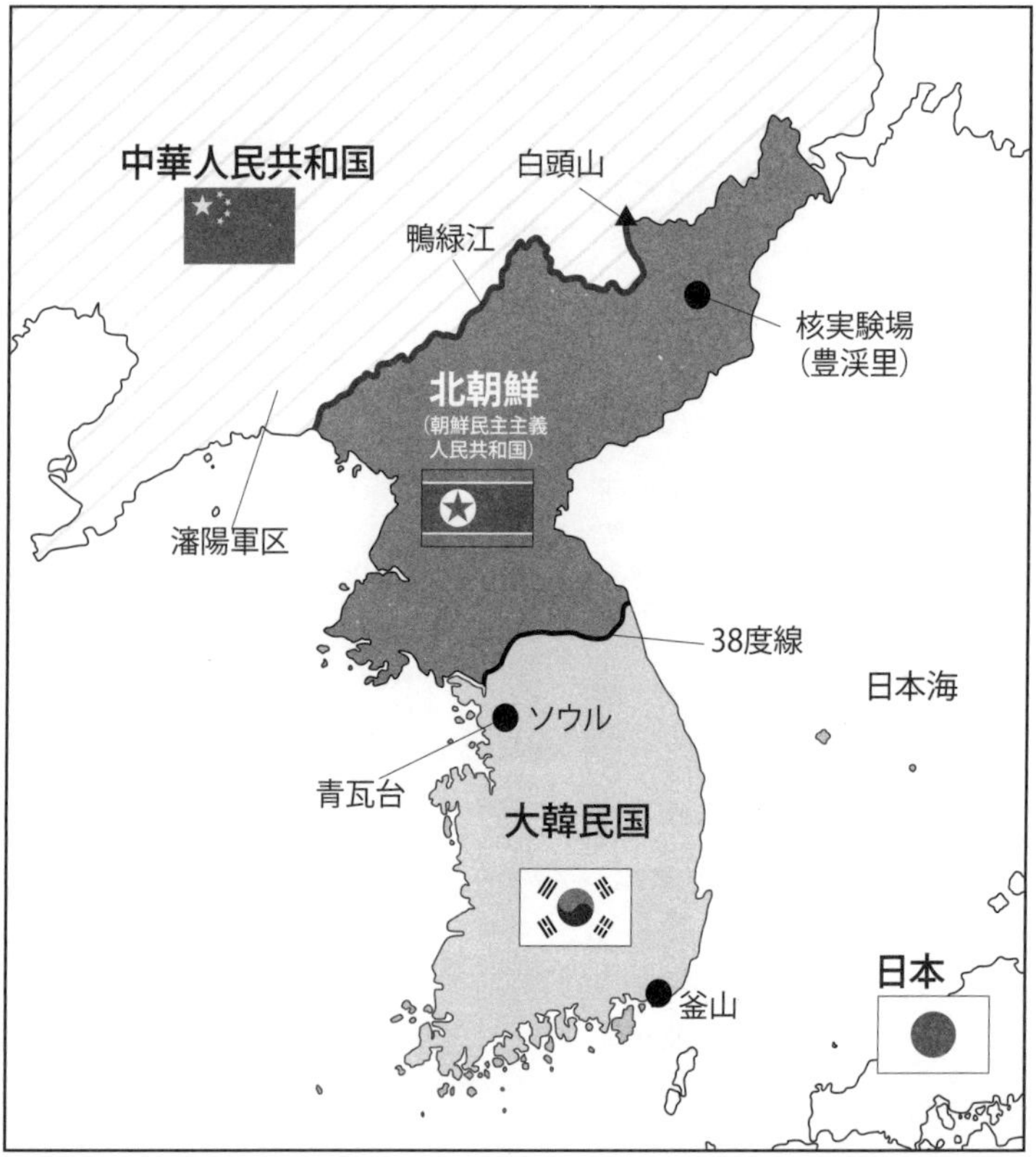

中華人民共和国
白頭山
鴨緑江
核実験場
（豊渓里）
北朝鮮
（朝鮮民主主義
人民共和国）
瀋陽軍区
38度線
日本海
ソウル
青瓦台
大韓民国
日本
釜山

第1部

「北朝鮮」の運命をリーディングする

――エドガー・ケイシーとの対話――

二〇一三年二月十四日　収録

東京都・幸福の科学総合本部にて

エドガー・ケイシー（一八七七〜一九四五）

アメリカの予言者、心霊治療家《しんれいちりょうか》。「眠《ねむ》れる予言者」「二十世紀最大の奇跡《きせき》の人」などと称《しょう》される。催眠状態《さいみんじょうたい》で、病気の治療法や人生相談等について数多くの「リーディング（霊査《れいさ》）」を行った。エドガー・ケイシーの魂《たましい》の本体は医療系霊団《れいだん》の長《ちょう》であるサリエル（七大天使の一人）であり、魂の兄弟が旧約の預言者イザヤとしても生まれている（『永遠の法』『エドガー・ケイシーの未来リーディング』〔共に幸福の科学出版刊〕参照）。

質問者　※質問順

綾織次郎《あやおりじろう》（幸福の科学理事 兼《けん》「ザ・リバティ」編集長）

矢内筆勝《やないひっしょう》（幸福実現党党首）

［役職は収録時点のもの］

1 「北朝鮮の核《かく》実験成功」に警告を発したい

核《かく》保有国になり、危険度が非常に増した北朝鮮

大川隆法　今日は少し難しそうなテーマです。

先日（二〇一三年二月十二日）、北朝鮮で三回目の地下核《かく》実験が行われ、成功したようです。そして、「今回、おそらく、核爆弾《ばくだん》の小型化に成功したのではないか」と伝えられています。

通常、「三回、核実験に成功すれば、核兵器を実用化できる」と言われているのですが、三回目が成功したので、北朝鮮は、事実上、核保有国になりました。

また、「核爆弾の小型化に成功した」ということは、「ミサイルの弾頭に核爆弾を積めるようになった」ということです。核爆弾が大きければミサイルには積めない

ので、その小型化が課題だったのですが、今回、それができたのです。

北朝鮮は、昨年末《まつ》に、「人工衛星」と称《しょう》する弾道ミサイルの実験に成功し、一万キロメートルの航続距離《きょり》のある、アメリカまで狙《ねら》える弾道ミサイルを持ちましたが、今回の実験成功は、そのミサイルに小型核爆弾の搭載《とうさい》が可能になったことを意味しています。

さらに、これはまだ明確ではないのですが、「今回の核実験では、おそらく、ウラン型の核爆弾が使用されたのではないか」と言われています。北朝鮮にはウランの鉱脈があるため、ウラン型であれば、自前の資源で、いくらでも核ミサイルが量産できるのです。

したがって、危険度が非常に増しており、関係各国が、みな、公式には北朝鮮を非難する声明を出している状況《じょうきょう》です。

民主党政権は、中国に付け入る隙《すき》を与《あた》え、北朝鮮を増長させた

大川隆法　昨年を振《ふ》り返ってみると、日本では、春ごろから熱心な反原発運動が起き始め、夏ごろには、「反原発」「脱《だつ》原発」の動きがピークを迎《むか》えているような状態でした。マスコミの報道だけを見れば、日本国中で「反原発」「脱原発」の民意が形成されたかのようなところまで来ていたのです。

しかし、幸福実現党が捨て身の街宣をかなり行い、「反原発や脱原発への反対運動もある」と言って頑張《がんば》り、その動きを壊《こわ》しに入りました。

その際、私もかなり無理をしたのですが、私には意地がありました。

なぜなら、原発問題は国防問題でもあるからです。

北朝鮮が、今回のような核実験やミサイル実験を行い、核ミサイルを完成させて、周辺国を脅《おど》すことは、確実に予想されていました。

その開発過程で日本には東日本大震災《だいしんさい》がありましたが、「自分たちの国に地震や

津波《つなみ》があった」という理由で、「原子力から、一切《いっさい》、手を引いていく」というかたちになったなら、それは、平和運動どころではなく、「日本の集団自殺」や「日本のチベット化」を意味することになるのです。

日本の周りで核ミサイルを開発している国から見たら、これほどありがたいことはありません。自分たちは、どんどん、核ミサイルを開発しているのに、日本は勝手に「核の非武装」を選択《せんたく》しているのですから、これは「江戸《えど》城の無血開城」のようなものです。日本では、国民を挙げて、また、マスコミを挙げて、どうやっても他国が日本を取れるような状況にしようとしていたわけです。

日本は民主主義の国ですが、その民主主義の下《もと》で、国民が〝集団自殺〟をしようとしているのであれば、国民を諫《いさ》めなければならないので、私は、かなり厳しく激しい言葉で、「間違《まちが》っている」と、この半年間、言ってきました。

その結果、政権は交代し、いちおう外部からの脅威《きょうい》に対抗《たいこう》できるスタンスを持てる自民党政権に代わりました。

ただ、先の民主党政権が発足《ほっそく》してから、もう四年近くになろうとしていますが、幸福実現党を立ち上げた時点（二〇〇九年五月立党）で、私たちが主張していた方向に国が動いていたら、「北朝鮮の核ミサイル問題」や「中国の覇権《はけん》主義」に対する防衛の準備は間に合っていたと思われます。そろそろ準備ができていたでしょう。

防衛関係で国が予算を組んでも、その具体化までには、だいたい三年から五年ぐらいかかるのですが、あのころに準備を始めていれば、「もし奇襲《きしゅう》を受けても防衛できる」というところまでは、現時点で何とかできていたと思うのです。

しかし、実際には、反対の方向に進んでいきました。中国には媚《こび》を売って国を開き、付け入る隙《すき》を与《あた》えましたし、北朝鮮は増長させました。

今では、覇権主義の中国に押《お》されていて、中国国内の日本系企業《きぎょう》は人質《ひとじち》がわりにされているような状況です。

それだけではなく、アルジェリアでも日本人の人質は殺され放題でしたし、一昨日《おととい》（二〇一三年二月十二日）には、安全と思われていたグアム島で、日本人観光客が十数名も死傷する事件が起きています。

同じころ、タイの軍部の基地がイスラム過激派に襲《おそ》われました。軍が過激派を制圧しましたが、何者かが、裏で、世界同時に、いろいろなことを起こしている可能性もあります。

正しいことを言い続けるしかない幸福実現党

大川隆法　平和主義は結構なのですが、日本が、〝集団自殺〟の方向に進んだり、「日本人をいじめてくれて結構」という感じで、いじめを呼び込《こ》むような状況になったりしているのなら問題です。

そういう情勢のなかにあって、安倍《あべ》総理は、比較《ひかく》的いいあんばいで登場しましたし、安倍内閣の支持率もジワジワと上がってきているので、その点はよかったと思いますが、いかんせん、やはり、三、四年は遅《おく》れました。

安倍総理は、今回の核実験のあと、「北朝鮮に対し、あらゆる手段を用いて対応する」と言っていますが、「あらゆる手段」とまでは言えても、「その『あらゆる手段』とは何ですか。具体的に言ってください」と訊《き》かれたら、答えられないでしょう。それが日本の政治です。

あえて具体的に言わせたら、「金融《きんゆう》の締《し》め上げ」や「貨物の臨検《りんけん》」など、その程度のことは出てくるのですが、「あらゆる手段」と言っているわりには、それ以外のことについて、はっきりとは言えない状況なのです。

これが日本の政治の弱さですし、また、選挙を控《ひか》えている者の弱さでもあろうと思います。

したがって、「再び、幸福実現党が少し割《わり》を食い、分《ぶ》の悪いことをしなくてはいけないのかな」という気もします。

谷沢永一《たにざわえいいち》さんが霊言《れいげん》で言っていたとおり、幸福実現党は、「選挙で負け続ける」という〝使命〟を果たさなくてはならないかもしれないので（『幸福実現党に申し上げる』〔幸福実現党刊〕参照）、「自民党が言えない『あらゆる手段』とは何か」を、矢内《やない》党首が言い続け、見事に票を減らさなければならない可能性も近づいてはいるのですが、まあ、しかたがありません。

国民の〝集団自殺〟を「民主主義だ」と思っているのであれば、やはり諫言《かんげん》するしかないのです。日本は国民主権ですが、〝主君〟である国民が乱心の状態であるのなら、〝家老《かろう》〟は切腹覚悟《せっぷくかくご》で諫めなければいけないでしょう。「矢内党首のクビぐらい、いくらでも差し出す」という覚悟で戦うしかありません。

やはり、正しいことを言い続けるしかないのです。

当会が今まで言ってきていることは間違っていません。「アベノミクス」もそうで、当会が言ったとおりのことを安倍さんが実行したら、一カ月で効果が出ました。彼が総理になる前に効果が出たぐらいなので、「いかに専門家たちが分かっていないか」がよく分かると思います。

おそらく、軍事についても同じでしょう。

民主党政権が、当会の言っているとおりにしていれば、中国や北朝鮮にはされなかったことを、今の日本は、好きなようにやられている状態ではないでしょうか。

北朝鮮の未来を透視《とうし》した上で、金日成《キムイルソン》に「裏取り」をする

大川隆法　今日は、全体としては、「北朝鮮の未来透視《とうし》に挑戦《ちょうせん》する」というテーマを掲《かか》げました。

第1部では、いつもとは違い、個人ではなく、北朝鮮という国家の運命をリーディング（霊査《れいさ》）します。「北朝鮮が、今後、どうなるか」という視点で未来透視を行い、北朝鮮という国家の未来がどのように見えるか、透視をしてみます。

ただ、北朝鮮の問題は、現実には、韓国《かんこく》や中国、日本、フィリピン、アメリカ、インド、パキスタン、その他《た》、いろいろな国の利害と絡《から》んでいますし、国連も関係しているので、「いろいろな国家の意思」や、「そのとき、その国家に、どのようなリーダーがいるか」ということによって、判断が変わります。

そのように、「他《た》の国の判断」や「その国のリーダーの判断」など、意思によっ

て変えられる余地がまだあるのです。

例えば、アメリカの大統領が今とは別の人であれば、判断が変わる可能性もあります。また、今のオバマ大統領も、「ブッシュ前大統領に、かなり近づいている」と言われているので、今後、どうなるか、まだまだ分からないところがあります。

そういう前提の下《もと》で、私としては、心を空《むな》しゅうし、「北朝鮮が、どういう未来を辿《たど》るか」ということについて、エドガー・ケイシーの未来リーディングによって透視をしてみます。

そして、余力があれば、第2部において、「金日成《キムイルソン》（きんにっせい）の霊査」をしたいと思います。

今の北朝鮮では、金正日《キムジョンイル》の父であり、初代の国家主席で将軍でもあった金日成が、おそらく裏（霊界《れいかい》）から指導していると推定されます。

金日成そのものについては、オサマ・ビン・ラディンやサダム・フセインのようには調べていません（注。オサマ・ビン・ラディンについては、二〇一三年一月二十二日に霊言を収録した。『イスラム過激派に正義はあるのか』（幸福の科学出版刊）参照。サダム・フセインについては、二〇一三年二月四日に霊言を収録した）。

「金日成は、今、どのような状態なのか」ということを霊査し、もし話ができるような状態であれば、（質問者たちに）多少、意見交換《こうかん》をしていただいて結構です。

この人は北朝鮮の〝建国の神〟になっているでしょうし、彼の「主体《チュチェ》思想」は、「毛沢東《もうたくとう》思想」のように、宗教に代わるものとして北朝鮮をリードしているのでしょうから、北朝鮮の〝建国の神〟であり、その〝教義〟をつくった人との対決は、やはり、避《さ》けて通れないのではないかと思います。

第１部では北朝鮮の未来について調べますが、彼らが思っているとおり、「軍事的に成功し、国が大きくなって、韓国を呑《の》み込んでいく」という、強盛大国《きょうせいたいこく》への道を歩んでいるか、あるいは滅《ほろ》ぼされているか、極端《きょくたん》な場合には両方ともありえます。

ただ、いずれにしても、未来透視の内容を言いっ放しでは十分ではないので、第２部で、北朝鮮を霊界から指導していると思われる金日成を呼び、「裏取り」をします。

金日成が未来透視の内容とは反対のことを言う可能性もあります。もし、「滅亡《めつぼう》している」という霊査結果が出たならば、「そんなことは、ありえない」と言ってくると思われるので、そのへんの話もしなくてはいけません。

一方、「成功している」ということであれば、国の未来について、どこまで計画しているのか、彼に訊いてみなくてはいけないでしょう。

やっと「中国からの宣戦布告」などを言い始めたマスコミ

大川隆法　今日のテーマは非常に難しいテーマですが、日本にいると、海外情報で入ってくるもの以外には何も分からないので、今、新たな霊的情報が欲《ほ》しいところではないかと思われますし、そういう情報は、防衛省や自衛隊、そして内閣にとっても、極《きわ》めて大事な情報になるのではないでしょうか。

今朝《けさ》の新聞広告では、「週刊文春《ぶんしゅん》」や「週刊新潮《しんちょう》」が、「中国からの宣戦布告」

「東京空爆」などという言葉を使い、「中国が攻《せ》めてくる」というような内容の特集記事を宣伝していますが、私には、記事になるのが遅く感じられます。

そういうことについては、もう、とっくの昔に当会が警告していたのですが、彼らとしては、日本が領空侵犯《しんぱん》や領海侵犯をされたり、自衛艦《じえいかん》がレーダーでロックオンをされたり、向こうの軍内部で戦争準備命令が出たりと、具体的なものが出てこなければ記事に書けない状況なのでしょう。

当会は、そういうことが起こる前に、もう中国の意図をつかんでいたので、「マスコミの情報発信は、すごく遅いな」と思うのです。

もっとも、今日の朝日新聞は、「中国からの宣戦布告」という言葉を使った、「週刊文春」の広告を、後ろのほうの二十四面に載《の》せていました。これは、当会の霊言集の広告よりも、はるかに悪い位置づけです。

広告代金は同じなのですが、朝日新聞としては、その広告を、できるだけ読者に見てほしくないのでしょうか、後ろのほうに載せて〝隠《かく》して〟あり、そのへんに、新聞社としての、かすかな抵抗《ていこう》の意思が表れているように見えました。
なお、読売新聞などでは、その広告は普通《ふつう》のあたりに載せてありました。
このように、裏では、今、いろいろな思想戦が行われています。

霊的《れいてき》調査によって「北朝鮮への対抗《たいこう》策」を探《さぐ》りたい

大川隆法　「平和で繁栄《はんえい》する社会ができればよい」と思っているのは、みな同じなのですが、それを実現するプロセスにおいて、客観的情勢や相手の考えなどが読めないと、そのことが、いろいろな犯罪の温床《おんしょう》になりますし、また、軍事的な被害者《ひがいしゃ》を数多く生むこともあります。
例えば、ユダヤ人は、ヒトラーに弾圧され、捕《つか》まえられて、ガス室に送られ、処《しょ》刑《けい》されました。それに対して、「ヒトラーが悪い。ナチスが悪い」と、あとから結果論的に言うのは結構ですが、あらかじめユダヤ人弾圧が分かっていれば、ユダヤ人には、対抗措置《たいこうそち》として、「国外脱出」という手もあったでしょうし、ほかの国に、その可能性を知らせ、ドイツを牽制《けんせい》することもありえたでしょう。

今回の霊査《れいさ》も、それと同じだと思うのです。

向こう側（北朝鮮）の意図を、あらかじめ知っていれば、対抗策を取ることも、できなくはありません。

しかし、下手をすれば、「日本のチベット化」もありえます。

今日のニュースでは、「チベットでは、二〇〇九年以降、百人もの人が、中国に対する抗議の焼身《しょうしん》自殺を図《はか》っているのに、事態は何も動かない」ということを問題にしていました。

そういうことが、五十年以上たってから日本で起きても、しかたがないので、事前に考えなくてはいけません。

チベットの場合、「ある日、突然《とつぜん》、山を越《こ》えて、中国軍がチベットに攻めてきた」という状況でした。

こういうことについては、霊的な調査のほうが早いので、未来において起こりうる事実を知った上で、警告すべきものについては警告しなくてはなりません。

幸福実現党の立党以来、私たちは国政への提言を四年近く行ってきましたが、今のところ、当会は〝オオカミ少年〟にはなっていません。当会が言ったことは、だいたい全部、当たってきました。海外のことについても当たっていますし、国内の震災についても当たっていたと思います。当会が言っていることは決して脅しではないのです。

前置きは以上です。

それでは、第1部として、北朝鮮という国家の運命に関する、未来予知リーディングに入ります。

（両手の指を組み、瞑目《めいもく》する）

「北朝鮮の未来が、どのように見えるか」ということについて、未来予知的にリーディングを開始します。

（質問者たちに）指定したい年度や外国との関係など、訊きたいことがあれば、途中《とちゅう》で訊いてくださっても結構です。

2 「三十八度線」付近で軍事衝突《しょうとつ》が起きる

通常兵器による北朝鮮軍と韓国軍《かんこく》との戦い

大川隆法　（瞑目《めいもく》し、合掌《がっしょう》した手を額《ひたい》の高さまで上げる）

最近、北朝鮮は、三度目の核《かく》実験を行い、周りの国から非難を浴びておりますが、この国の運命が、今後どのようになるのか。国家の指導者が思っている方向に行くのか。あるいは、その反対の方向に行くのか。日本との関係はどのようになっていくのか。分かる範囲《はんい》で未来をリーディングしていきたいと思います。

（約三十秒間の沈黙《ちんもく》）

ケイシー　うーん……、うーん……。うん、うーん。炎《ほのお》が見えますね。炎が見えますが、朝鮮半島の真ん中あたりだから、うーん……、三十八度線付近でしょうか。U字型というか、V字型というか、炎が下に突《つ》き出しているかたちで半島に広がっているところが、今、見えてきております。

（約二十秒間の沈黙）

まあ、「三十八度線で起きている」という以上、これは、韓国軍《かんこく》との衝突《しょうとつ》が起きることを意味していると思われます。

綾織　北朝鮮のほうから攻《せ》めていっている状態でしょうか。

ケイシー　うーん……。今のところ、そのラインを中心にして燃えているので、これは、両者が激突しているかたちかと思われますね。片方が一方的にやったようには見えないので、激突しているのではないかと思います。両軍が激突したかたちだと思われますね。

この燃え方から見ると、まずは、「通常兵器を中心にした戦い」から始まっているように感じられます。

綾織　米軍も、そこに入ってきていますか。

ケイシー　米軍は、ちょっと遅《おく》れていますね。まあ、基地はあるんですけれども、応援《おうえん》を呼んでいるようですね。米軍のほうは、応援が入ってくるのに少し時間がかかりそうな感じで、その前に、もうすでに戦いが始まっているように思われます。グアムや、あるいは米本土からの応援が来るはずですが、完全に戦闘《せんとう》態勢にジョイン（合流）するまでに一カ月近くかかる可能性が高く、米軍は、「戦っている」

というよりは、今、韓国にいるアメリカ人を避難《ひなん》させるほうにエネルギーを注いでいるように見えます。

「アメリカ独立記念日」や「日本の参院選」あたりが狙《ねら》い目？

綾織　これが起きる時期については、特定できそうでしょうか。

ケイシー　うーん……。時期が分かるかどうか……。（約十秒間の沈黙）

何を見れば分かるかなあ。韓国には時計台はないですよね。どうしよう。うーん、ちょっと違《ちが》うところを見てみましょうか。どこかで時期が分かるかな。

（約十五秒間の沈黙）

でも、そんなに先ではないようですね。そんなに先ではない感じがしますし……、冬ではないような感じがしますね。

今は冬ですし、今年の終わりでもないという感じがするので、春から夏、秋までの間で考えると、韓国の大統領が替《か》わって、うーん……、そうですねえ……、「アメリカの独立記念日」や「日本の参院選」のあたりが、まあ、一つの狙《ねら》いどころではあるかもしれません。そう先のことではないような感じがしていますね。

矢内　参院選と言いますと、今年でしょうか、それとも三年後でしょうか。

ケイシー　いや、今年の可能性はかなり高いと思いますね。

今、地図の上からは、国境線の周りが燃えているような状態に見えています。もちろん、北から南に向かっても攻撃《こうげき》を開始していると思いますが、韓国のほうからも北に向けて、かなり撃《う》ち込《こ》んでいると思われますね。

日本は、まだ戦闘には参加していないと思われますし、アメリカは、とにかく、アメリカ人と日本人が朝鮮半島から逃《に》げ出すことのほうを先に考えているようです。戦争をするよりも、まずは家族などを避難させるほうが先で、南へ南へ、行っていますね。

釜山《プサン》のほうへ行って、海外へ渡《わた》ろうとしているのではないでしょうか。

まずは日本への引き揚《あ》げでしょうね。

アメリカは、空母を出し、さらに、グアムからも飛行機を飛ばしていますが、まだ、北朝鮮への爆撃《ばくげき》までは判断が出ていないように見えます。

綾織　今、北朝鮮で核実験が行われ、国連の制裁も……。

ケイシー　やるでしょうね。

綾織　動き始めているわけですけれども、「具体的な制裁が始まって、そこから武力衝突に展開していく」というかたちでしょうか。

ケイシー　うん。韓国は、かなり頭に血が上《のぼ》ってくる感じですね。だから、「自分たちはミサイル攻撃ができる」ということを準備して、それがやれそうなときに、何かが始まるような感じがします。

核《かく》兵器を撃《う》ち込《こ》まれる前に北朝鮮を叩《たた》こうとする韓国《かんこく》

綾織　その後の展開としては、全面戦争的なものになるのでしょうか。それとも、その地域での武力衝突にとどまるのでしょうか。

ケイシー　うーん……。（約五秒間の沈黙）
まあ、中国の出方によって影響《えいきょう》が出ると思うのですが……、「中国包囲網《ほういもう》」も同時につくられているので、もし、「中国が、中国包囲網を破りたくて、裏から北朝鮮を暴発させている」ということでありましたら、周りの大国は、そんなに簡単には動けないだろうと思うんですね。

「中国との戦いまで考えなければいけない」ということになりますと、そうとう大きな問題になってきますので、日本などは「国家の存亡《そんぼう》」がかかってきますね。アメリカは、「国家の存亡」まではかかりませんが、直接攻撃を受ける可能性が出てくるので、今の民主党政府や議会等が、どのように判断するかで少し揉《も》めるはずです。

ただ、本来ならば、北朝鮮のほうに先制攻撃をさせたほうが、アメリカとしては、今までのパターンどおり、「燃え上がるパターン」になるのですが、今回は、韓国《かんこく》のほうが待ちきれなくなって、両方とも飛び出したような感じに見えます。

そういう意味で、アメリカ的正当性や日本的正当性がつくれるかどうかは疑問ですね。「まずは始まってしまった」というような感じに見えます。

矢内　韓国は、「北朝鮮が韓国を攻撃する姿勢を見せたならば、敵地先制攻撃も辞さない」という方針をすでに出しておりますので、その流れで衝突が始まった可能性はあるのでしょうか。

ケイシー　うーん……。北朝鮮は、かなり豪語《ごうご》すると思われますのでね。おそらく、国際的な制裁が科されたりすると、それに対して、ものすごく怒《おこ》ってみせると思います。

それで、韓国のほうも、ゆっくりしているうちに核《かく》兵器等を撃《う》ち込《こ》まれたりするのはたまらないので、「その前にミサイル基地を叩《たた》きたい」という気持ちに駆《か》られます。その意味で、イスラエルのような気分になる可能性が高いでしょう。ただ、アメリカ、日本とも、判断は非常に遅《おそ》いように思われます。そういう時期に起きるのかもしれませんね。

「北朝鮮の動き」を自国に有利なように利用しようとする中国

綾織　こうした国境線上での戦闘が、しばらく続いていくのでしょうか。

ケイシー　それは、中東などでは、しょっちゅう起きていたことですのでね。ああいう国の戦い方は、かつての日本の艦隊《かんたい》決戦のような感じではなく、「攻撃したり、休んだり」というかたちになります。

ですから、中国の態度にもよりますが、運が悪いことに、中国のほうでは軍事拡張主義者が実権を握《にぎ》っておりますので、この北朝鮮の動きを、自分たちに有利なように利用しようとすると思うのです。

したがって、北朝鮮を暴《あば》れさせながら、「北朝鮮を御《ぎょ》することができるのは中国だけだ」という国際世論《せろん》をつくろうとするでしょう。「世界を安定させるイニシアチブは中国にある」という方向に持っていこうとしているように見えます。

3 朝鮮半島の統一を狙《ねら》う北朝鮮

瀋陽《しんよう》軍区の中国軍南下を恐《おそ》れ、先手必勝型になれないアメリカ

綾織　アメリカは、新しい国務長官になって、どちらかというと融和《ゆうわ》路線が強く出てくると思われますが、中国を立てるようなかたちになるのでしょうか。

ケイシー　うーん……。（約五秒間の沈黙《ちんもく》）

アメリカなら、本当は、北朝鮮の核《かく》基地などを叩《たた》かなければならないところだと思います。軍事的には、核ミサイルを撃《う》ち込《こ》まれる前に、ここを潰《つぶ》さなければならないはずなのですが、それをすると、鴨緑江《おうりょくこう》の北にいる中国東北部の軍区、つまり瀋陽《しんよう》軍区の中国軍のほうが、勝手に動き出してきそうな感じはありますね。

北京《ペキン》の判断とは別に、もう一つ、軍部の判断がありますので、これが北朝鮮に南下してきて合体するのを、アメリカはすごく恐《おそ》れています。

単に、「北朝鮮を叩く」ということだけだったら可能ですが、それをすると、中国との戦争につながることになりますから、そこまでの判断をするには、やはり、大統領以下、議会からも全面支援《しえん》を取らなければいけません。すでに北朝鮮からは、「アメリカ本土に向けても攻撃《こうげき》する」というようなことを言ってきていると思われるので、アメリカも、それほど先手必勝型ではないと思われます。

核《かく》を「錦《にしき》の御旗《みはた》」にして韓国《かんこく》に白旗を揚《あ》げさせるつもり

綾織　そのときに、金正恩《キムジョンウン》は、何を考え、どこまでやろうとしているのでしょうか。

ケイシー　朝鮮半島の統一を考えています。

綾織　そこまで攻《せ》め込んでいこうとしているわけですね。

ケイシー　ええ。韓国《かんこく》を取るつもりでいると思います。最終的には核《かく》兵器があるわけですからね。

もちろん、核を落とせば破壊《はかい》度が大きく、国を併合《へいごう》してもメリットは少ないので、これは、「核保有国だ」という脅《おど》しとして使うつもりでしょう。もしアメリカが介《かい》入《にゅう》してくるなら、アメリカに対して、「撃つぞ！」と言い、日本が介入してくるなら、日本に対して、「撃つぞ！」と言う。このように、外国の介入に対して、それを牽制《けんせい》する意味合いのほうが強いでしょうね。

できれば、通常兵器でもって韓国を降伏《こうふく》させたいので、後ろにある核を「錦《にしき》の御《み》旗《はた》」にして、「最終的にはこれを撃つぞ！」と言うでしょう。女性の大統領になったところだし、向こうが白旗を揚《あ》げるのを狙《ねら》っていると思います。

最初から「青瓦台《せいがだい》」を狙《ねら》って攻撃《こうげき》してくる可能性も

矢内　そうしますと、戦争の端緒《たんしょ》が何であったのかは別にしても、もともとの意図として、北朝鮮には、「南を攻めて占領《せんりょう》する」という明確な計画があり、それで、さまざまな挑発《ちょうはつ》をするなど、戦略的に戦争を始めたわけでしょうか。

ケイシー　そうですね。ただ、韓国のほうも、やや正直すぎる反応をしたようには見えますね。

挑発《ちょうはつ》に乗って、「売り言葉に買い言葉」風にやったところもあるように見えますので、必ずしも、「一方が、もう一方を侵略《しんりゃく》した」とは言えないような状況《じょうきょう》から始まるように感じますね。

だけれども、北のほうは、明確に「朝鮮半島の統合」を目指しています。韓国のほうが、これから弾道《だんどう》ミサイルを増やし、核はないけれども北朝鮮をミサイル攻撃《こうげき》できるように増強に入ろうとしていくので、北は、「それが完備する前に、南を倒《たお》しておきたい」という気持ちを持っていると思います。

綾織　実際に、これがどういう展開になるのかということですが、朴《パク》新大統領は、白旗を揚げずに耐《た》えられるのでしょうか。あるいは、白旗を揚げてしまうのでしょうか。

ケイシー　うーん……。（約五秒間の沈黙）

大統領のイニシアチブは感じられないので、あるいは、最初から、青瓦台《せいがだい》（韓国大統領官邸《かんてい》）等を狙《ねら》って攻撃をかけてくるのかなとは思いますね。

もしかすると、比較《ひかく》的早い段階で、韓国政府の要人《ようじん》のところは潰されているかもしれません。その可能性が高いと思います。

ですから、朴大統領が戦争指揮官として機能している保証はないですね。

ボートピープルを海上で救出するしかない日本の自衛隊

矢内　いわゆる通常兵器が使われているとのことですが、具体的には、どのような戦闘《せんとう》が展開されているのでしょうか。

ケイシー　まずは、地対地ミサイルを撃ち合い、それから、ジェット戦闘機によって、相互《そうご》に境界線を越《こ》えて相手に爆弾《ばくだん》やミサイルを撃ち込んだり、空中戦をやったりしています。また、戦車の侵入や、迫撃砲《はくげきほう》等の撃ち込み等もやっています。

まあ、どちらが始めたか、よく分からないような始まり方ではあるのですが、やはり、「北のほうがソウルに攻め込んでくるのは早い」と思われますね。

アメリカや日本の判断は、「まず、自分たちの国民を逃《に》がす」という方向に働き、「逃がしつつ、戦闘準備に入る」というかたちになると思われます。

日本の自衛隊は、残念ながら機能せず、韓国から逃げてくる人たちを救出すること、すなわち、「日本人、韓国人、アメリカ人等の保護、救出」が、どちらかといえば主たる任務になっていて、戦闘行為《こうい》に参加するところまでは行かないのではないかと思います。

矢内　今、自衛隊法の整備が十分ではなく、「軍隊ではない」という理由で、邦人《ほうじん》の救出に自衛隊が行けないという……。

ケイシー　けれども、ボートピープル風に逃げてきた者については、海上で救出できますよね。

矢内　はい。

ただ、具体的に、それだけの戦争となりますと、在韓邦人のなかで大変なパニックが起きているわけですね。

ケイシー　まあ、そうでしょうね。でも、そういう国だと思います。
だから、日本は、また無力感を味わうし、あの大震災《だいしんさい》と同じような対応を取るでしょうね。「戦闘行為はよくない」というような非難声明は出すものの、主体的に何かができることはない感じがします。

4 アメリカと中国、国連はどう動くのか

「韓国《かんこく》から米軍を追放できれば大勝利」と考えている北朝鮮

綾織　実際に、北朝鮮が韓国《かんこく》をほぼ占領《せんりょう》するようなところまで行くのでしょうか。もちろん、アメリカの動きによって変わる可能性はあると思うのですが、もし、アメリカが決断できず、「中国と対決したくない」というような展開になった場合には、韓国を占領してしまう流れになるのでしょうか。

ケイシー　もし、韓国にある米軍基地を無力化できれば、北側にとっては大勝利でしょうね。それこそ、沖縄《おきなわ》やグアムのほうに米軍が退《ひ》いていくような展開がいちばん望ましい。

だから、「米軍を韓国から追放できれば、戦略的には成功」と考えていると思いますね。

米軍にゆっくり時間を与《あた》えれば、米軍側も攻《せ》めてきますけれども、その時間を与えない「速攻《そっこう》」が、基本的な戦略ですね。

これは、けっこう手痛い傷を負うのではないかと思われます。

この段階では、まだ、「国家対国家の勝敗が決まる」というレベルではありませんけれども、いよいよ、紛争《ふんそう》開始ということでしょうか。「第二次朝鮮戦争」のスタートということになるかと思います。

同時に起きる「イスラム・テロ」はアメリカを迷わす撹乱《かくらん》戦術

綾織　アメリカが、はっきりと介入《かいにゅう》できない状態であるならば、ある程度、シリアの内戦のようなかたちの戦闘《せんとう》が延々と続いて……。

ケイシー　そう。最初はそうなります。だから、国内の総意でもってやるかどうかですが、地上戦がすでに始まった段階で米兵を投入すると、死傷者がそうとうの数に上《のぼ》るため、それをオバマ政権は非常に嫌《いや》がるはずです。それで、あくまでも、〝飛び道具〟を使う戦いのほうに主力を移そうとするでしょうね。

ですから、トマホーク、その他、いろいろなミサイル系のものや、あるいは、ジェット戦闘機による「空爆型《くうばくがた》」で対応しようとしていくと思われます。

ただ、どうでしょうかね。まあ、中国の動きが非常に問題になるでしょう。中国の拡張路線も、もうすぐ、今年のうちに大きな問題になると思われます。今、北朝鮮の核《かく》実験に関して、中国が怒《おこ》ってみせたりしていますけれども、彼らは「嘘《うそ》つきの専門家」ですので、本気で怒っているはずはないと思われますね。

これと同時に、おそらく、イスラム系のテロも、あちこちで起きてきます。要するに、アメリカを迷わせる攪乱《かくらん》戦術ですね。陽動作戦風に、いろいろな所でテロを起こしたりして、（アメリカが）集中できないようにするでしょう。

オバマさんの基本的な考え方は、「退《ひ》きつつ、局地戦にしていって、軍事費を極小化し、争いを小さくしていこう」とする作戦なので、(反アメリカ勢力は) 争いが多極化して、収まりがつかないようにする方向を選ぶはずです。

日本人も同じですが、アメリカ人の生命《せいめい》の重みは非常に大きいので、「人が死ぬ」ということに対して、アメリカは過剰《かじょう》に反応します。そのため、『戦争に巻き込《こ》まれたくない』というような民意を起こせないか」というところを、いちおう狙《ねら》ってくるのと、「大国である中国との第二次冷戦が、核戦争のような本格的な熱い戦いになるのを避《さ》けたい」というアメリカ世論《よろん》をつくろうとします。そのあたりで、大きな駆《か》け引きがあるので、そんな簡単に、単純には終わらないですね。

戦闘行為《こうい》そのものは、一定の期間で収まるとは思うのですが、ああいう国は、先進国とは違《ちが》って真面目《まじめ》に戦わないので、戦ったり休んだりするような、ダラダラした戦い方をすると思います。そのため、続いているのか終わったのか分からないような状態が続くでしょう。

その間、国連などが訳の分からないことをたくさん言ったりして、混乱を増長すると思われます。

北朝鮮の軍事行動は、中国が本戦をする前のシミュレーション

矢内　紛争が始まった段階では、金正恩《キムジョンウン》と、おそらく裏で糸を引いているであろう習近平《しゅうきんぺい》との関係は、どういうかたちなのでしょうか。表向きは、いろいろな見せ方をするでしょうけれども。

ケイシー　習近平のほうは、北朝鮮に軍事行動を起こさせてみて、「韓国、日本、アメリカの軍事的な連携《れんけい》、同盟関係がどのくらいのものなのか」、あるいは、「どの程度の機動力をもって反応してくるか」ということを見ています。習近平は、そういう戦力見積もりの実験ぐらいにしか考えていないと思うのです。「どの程度の反《はん》撃《げき》能力、反応速度で来るか」ということを彼は見ている。その程度の戦略性は持っ

ていますね。

そして、自分のところの態度をはっきりさせずに、「幕引《まくひ》きできるのは、中国だ」というような、恩《おん》を売るかたちの交渉《こうしょう》をしてきます。

要するに、仲立ち風に入ってきて、「（北朝鮮を）抑《おさ》えることはできるんですよ」というようなかたちで恩を売りつつ、敵の戦力、反応速度等を見る。

「日本の防衛能力や、韓国の防衛能力、アメリカの迎撃《げいげき》能力は、どの程度か」「議会や大統領の判断の速度は、どの程度か」というのを見て、自分たち（中国）が本戦をする前のシミュレーションに使うつもりだと思います。

矢内　北朝鮮は、韓国の同盟国であるアメリカや、日本が介入してくるのを、かなり嫌がると思うのですが、それを抑えるために、アメリカや日本に対して、「核を撃ち込むぞ」というような、具体的な恫喝《どうかつ》をしてくるのでしょうか。

ケイシー　それはもう、口だけでしたら、そういうことは、いくらでも言うと思いますよ。「アメリカ本土を攻撃できるし、日本を火の海にできる」というぐらいのことは、当然、言うでしょう。

日本のマスコミは、国内に、それを正確に伝えてくれると思います。

矢内　今の日本だと、それだけでビビッてしまい、手をこまねいてしまう可能性があります。

ケイシー　そうですね。だから、「何もしない」ということで、韓国見殺し型になり、中国任せにして、「中国の仲介《ちゅうかい》・仲裁で、どこかで止《と》める」ということをさせようとし、国連も含《ふく》めて動こうとするのではないかと思われます。

ただ、それは本当の仲裁ではないと思います。

5　断続的な紛争《ふんそう》が続く朝鮮半島

日本は「戦略的な間違《まちが》い」を反省するが、相変わらず動かない

綾織　もう少し時間のスパンを長くして見たときに、北朝鮮という国家の「未来」「運命」は、どのように展開していくのでしょうか。

本当に南北統一という方向に行くのか。あるいは、内部的に国民の不満が高まり、軍のクーデターのようなことが起きて、崩壊《ほうかい》する未来であるのか。五年後、十年後、あるいは、もう少し先かもしれませんが、もし見えてくるものがあれば教えていただきたいのですが。

ケイシー　はい。（約二十五秒間の沈黙《ちんもく》）

うーん……（約五秒間の沈黙）、北朝鮮は、基本的に、重油とか食料とか、いろいろなものを中国に止められると、国としては成り立たない状態で、今は孤立《こりつ》しています。ただ、韓国《かんこく》を即座《そくざ》に全面制圧するのは無理でしょう。打撃《だげき》は与《あた》えられても、それは無理だと思われます。断続的に紛争《ふんそう》が起きる緊張《きんちょう》状態のなか、しばらくパワーゲームが続きます。

そして……（約五秒間の沈黙）、日本は後悔《こうかい》するでしょうね。戦略的に間違《まちが》えたことに対して後悔するし、時代が逆回転していたことが分かってきて、それについては反省が働くと思います。

沖縄《おきなわ》も、ちょっと、時代が逆回転していたことを反省する時代が来ると思います。

ただ、日本は、相変わらず、どうしようもない国ではありますね。相変わらず、議論ばかりしていて（物事が）進まない国ではあると思います。

自分たちの国が直接攻撃《こうげき》されないかぎりは、動かないようなところがありますね。そういう意味での「民主主義の無力化」は感じます。

ですから、今のところ、韓国と北朝鮮の二国間の紛争が予想されるのですが、極《きょく》端《たん》なところまでは行かないで、まずは、断続的に紛争が起きて、緊張状態が続くでしょう。

オバマによる「金正恩《キムジョンウン》暗殺計画」は簡単には実現しない

ケイシー　アメリカは、「日本との関係、韓国との関係をどうするか」というところを見直さなければならないのですが、残念ながら、オバマ政権の間は、強力な対応ができないように思われます。

いろいろなテロのようなものが多発して、アメリカはしばらく悩《なや》みますね。北朝鮮の核《かく》基地を攻撃して、潰《つぶ》してしまうところまでの勇気は、たぶん、オバマさんにはないと思われます。

その意味で、食料やお金、貿易等、いろいろなところでの制裁は加えていくでしょうが、地下では中国が助けますので、基本的に、国が潰れそうで潰れない状況《じょうきょう》だと思われますね。

だから、「イスラエル対パレスチナ」のような関係が、南北朝鮮の間でしばらく続きます。

「先行きはどうか」ということですが……。（約十五秒間の沈黙）

オバマさんは、おそらく、任期中に、金正恩《キムジョンウン》の暗殺を計画すると思われます。

すなわち、「（金正恩が）寝泊《ねと》まりしている所を特定して、ミサイル攻撃をかけるか、あるいは、空挺《くうてい》部隊で急襲《きゅうしゅう》をかけて、オサマ・ビン・ラディンと同じようにできないか」ということで、ピンポイント攻撃を必ず計画するでしょう。

ただ、ちょっと遅《おそ》かったですね。ちょっと遅くて、そのときには、もう対抗策《たいこう》をつくられているように思われます。

先代の父親（金正日《キムジョンイル》）は、生前、暗殺を恐《おそ》れていましたが、息子《むすこ》の代では、当初、あまり警戒《けいかい》していなかったのです。しかし、もうすでに警戒が始まっていて、簡単には狙《ねら》えないようにしているでしょうから、そう簡単には暗殺されないと思います。

「アメリカとの戦争は早くて二〇一六年」と考えている習近平《しゅうきんぺい》

矢内　そういう膠着《こうちゃく》状態は、かなり長い期間続くのでしょうか。

ケイシー　うーん。

矢内　日本は情けないままの状況ですか。

ケイシー　うーん、情けないままですね、予想としては。

矢内　かたや、習近平《しゅうきんぺい》は、アラブなど、あちらの……。

ケイシー　習近平は、今はまだ、「戦争の時期だ」とは思っていません。今は、威《い》圧《あっ》し、圧力をかけて、東南アジアあたりを「中国の海」に変えていくことが狙いです。

だから、北朝鮮の暴発があったとしても、日本やアメリカがほとんど何もできないことを見せることによって、とりあえず、東南アジアの国々が中国に一目も二目も置き、国を開いていくかたちを考えているはずです。

アメリカと戦争ができるのは、どんなに早くても二〇一六年です。普通《ふつう》、二〇二〇年までは準備にかかると見ているので、「それまでは、アメリカと直接戦争するようなことは避《さ》けたい」というのが、習近平の考えだと思います。

6　「変革」を強く迫《せま》られる日本

向こう十年ぐらい、日本の国論は変わらない

綾織　北朝鮮の体制崩壊《ほうかい》がありえるとしたら、どういう展開になるでしょうか。

ケイシー　それは、ありえると思いますね。

民衆の飢餓《きが》状態があまりに続いて、軍部のなかから反乱分子が出てくる場合には、ありえます。北朝鮮の場合、アメリカのCIAによる工作等は、あまり効きません。

また、中国のほうから、「金正恩《キムジョンウン》を倒《たお》せ」というような指示が出るかどうかですが、習近平《しゅうきんぺい》の支配下においては、そのようなものは出ないと思われます。

出るとすれば、瀋陽《しんよう》軍区の軍隊のほうからでしょう。もしかしたら、一部に、

「北朝鮮の軍隊を操《あやつ》って蜂起《ほうき》させよう。クーデターを起こさせよう」という動きが出る可能性はあります。

矢内　北朝鮮の独裁体制の崩壊に向けて、日本がなすべき使命、役割は非常に大きいと思うのですが、日本はどのような対応を取っていくべきでしょうか。

ケイシー　うーん……。（約十五秒間の沈黙《ちんもく》）

日本は、やはり、核《かく》ミサイルでも落ちてこないかぎりは、原則、変わらないですね。この国は、この国のままです。向こう数年から十年ぐらいを見渡《みわた》すかぎりは、核ミサイルでも飛んでこないかぎり基本的には変わりません。議論はしても、変わらないでしょう。

矢内　そういうなかで、幸福実現党としては、本格的な安全保障体制を確立するために、「国防の強化」と「自分の国は自分で守る」ということを、しっかりと訴《うった》え続けてまいります。

ケイシー　この国は、そういうふうには考えないのです。「安全保障を高めるために、武力を強くし、核武装する。そうすることで平和が高まる」とは考えないのが日本人であって、「核武装をした北朝鮮が悪いし、中国が悪いのだが、それは彼らの問題である」というような考え方を、国としてはするんですね。

ほかの国を責めはせず、基本的に、「アメリカがどうにかしてくれないか。国連がどうにかしてくれないか」というところに行くと思われますが、おそらく、韓国《かんこく》が、独自に、何とか北朝鮮の問題を片付けようとし始めると思いますね。

そして、韓国までが「核開発をしよう」と考え始めたあたりで、日本も少し国論が揺《ゆ》れてくるのではないかと思います。

北朝鮮に「白頭山《はくとうさん》の噴火《ふんか》」等の天変地異が起きる可能性は？

綾織　まったく別の要素として、例えば、北朝鮮で天変地異が起こる可能性はあるのでしょうか。「白頭山《はくとうさん》の噴火《ふんか》」なども噂《うわさ》されているのですが、あのように国民を苦しめている国なので、いつ天変地異が起きてもおかしくない気がするのですけれども、いかがでしょうか。

ケイシー　（約十五秒間の沈黙）うーん、なぜか起きないですねえ。

綾織　ああ、そうですか。

ケイシー　なぜか起きない。「起きない」ということは、「天変地異によって問題を解決せよ」ということではないのだと思いますね。

つまり、「この世において、『正義とは何か』を、人間たちの力によって決定しなさい」ということだと思います。

綾織　少なくとも、アメリカが今のままの状態であれば、結局は、「日本が立ち上がるしか道がない」ということになると思うのですが、「日本が立ち上がって、アジアを変えていく未来」は、やってくるのでしょうか。

ケイシー　他のアジアの国からはつつかれると思いますし、外交は盛《さか》んになると思います。

日本は、核兵器を持っているロシアやパキスタン、インド等と激しく外交をして、「いざというときは、そういう核兵器を持っている国に北朝鮮を牽制《けんせい》してもらおう」と、一生懸命《いっしょうけんめい》、利益誘導《ゆうどう》をするようになっていくと思いますが、やはり、今のところ、「独自に核武装をして戦おう」とか、「自分で国を守ろう」とかいうところには、見通し的には、数年から十年ぐらいはならないと思われます。

「目覚めよ」という神の警告として、日本に天変地異が起きる

矢内　放っておけば、そのような未来が展開していくと思うのですが、やはり、私たち幸福実現党が、「自分の国を自分で守れるよう、核保有も含《ふく》めて、しっかりとした態勢をつくらなければいけない」と訴え続けることによって、未来も変わってくる可能性があると思っております。そのあたりはいかがでしょうか。

ケイシー　（約五秒間の沈黙）いやあ、不思議なことなんですが、天変地異は、白頭山に起きないで、日本に起きるのです。残念なことですけれども、日本の神様のほうが、日本人に「目覚めよ」という警告を与《あた》えてきます。

要するに、向こうのほうが、そういう自然現象によって勝手に潰《つぶ》れてしまえば、日本は何も変わらないで済むでしょう？　だから、あちらには起きないで、日本の

ほうに起きるんですよ。
日本の神様の場合、政治が正しくないときには、天変地異を必ず起こす傾向《けいこう》があるので、「この十年ぐらいは、まだ、いろいろなものが日本には続く」と見てよいと思います。

綾織　日本での天変地異で、何か具体的に目に映るものはありますでしょうか。

ケイシー　うん。まあ、それは……、国民が恐怖《きょうふ》する可能性があるので、あまり具体的なことは言いたくないのですけれども、うーん……、うーん……、まあ……、噴火、地震《じしん》、津波《つなみ》、および、大きな事故等が、今後、予想されますね。
「日本は停滞《ていたい》し、衰退《すいたい》する」という国民の認識が大きな問題

綾織　エドガー・ケイシー先生、「日本とアジアの未来」を変えていくに当たって、

最も大事な要素を挙げるとしたら、それは何でしょうか。

ケイシー　うーん……。やはり、「日本の国は停滞《ていたい》し、衰退《すいたい》し、抜《ぬ》かれていく」ということを、みなが認識しているところが大きな問題だと思いますね。

だから、日本が、もう一段、あの戦後の発展のような「力強い発展」を取り返すことが、アジアの国々に畏敬《いけい》の念を抱《いだ》かせ、尊敬を受ける原因になると思うのです。

軍事的なことは、後手後手《ごてごて》になって、なかなか、そう簡単にはいかないけれども、ある意味で、オバマ政権等が続いて、アメリカに対する信頼《しんらい》が弱まることが、少しずつ国論を変えていく力にはなるだろうと思いますね。

ただ、残念ながら、この国は、外国からの被害《ひがい》が起きないかぎり、そう簡単には変わらないと思うし、そのご質問に関しては、「中国の未来」についてリーディングをかけなければ、十分には答えきれないものがあるかと思います。

しかし、北朝鮮そのものには、日本を滅《ほろ》ぼすだけの力はないと判断されます。

7　習近平《しゅうきんぺい》の「真の狙《ねら》い」とは

南北朝鮮や中国に共通して流れる「日本憎《にく》し」の意識

綾織　最後に一点だけ、お伺《うかが》いいたします。今、尖閣《せんかく》問題で中国と睨《にら》み合いが続いているわけですが、今後、この部分では、どのような展開になるのでしょうか。

ケイシー　今、中国のなかでは、対日戦争の議論がすごく盛り上がっていると思います。

「日本を攻撃《こうげき》したい」とか、「東京を占領《せんりょう》してみたい」とか、そういう気持ちは、中国人にも、あるいは、北朝鮮や韓国《かんこく》の人にも、共通して潜在《せんざい》的に流れている意識でしょう。「日本人に、もう一度、自分たちの力で敗戦を味わわせてやりたい」という気持ちは持っていると思います。そのへんが非常に複雑なところなんですね。

だから、南北朝鮮で戦いが始まったとしても、「憎《にく》いのは日本である」というところは一緒《いっしょ》だし、中国にも同じところがあるので、要するに、日本が軍事拡張して強くなりすぎると、彼らは、今度は「日本憎し」のほうでまとまって、平和をつくってしまう可能性があります。そこが、いちばん難しいところですね。

歴史認識のところは、日本国内で、いろいろとつくることはできるとは思いますが、向こうの考えを変えさせることは、そう簡単ではないだろうと思われますね。


「ハワイ、ペルシャ湾《わん》、アフリカの半植民地化」が最終目標

ケイシー　それで、尖閣云々《うんぬん》ですが、習近平《しゅうきんぺい》の考えは、そんなに小さいものではなくて、もっともっと大きなところまで実は考えています。すなわち、ハワイから、ペルシャ湾《わん》、それから、アフリカのあたりまでを半植民地化する気持ちを持っているので、尖閣というのは、もう「目の前の庭」ぐらいのものです。

つまり、尖閣にそれほどこだわっているわけではなくて、尖閣を無視しても、その先をどんどん押《お》さえていけば、尖閣は自動的に中国のなかに入ってくるんですよ。日本が一生懸命《いっしょうけんめい》、尖閣だけを防衛しようとしても、「尖閣を通り越《こ》して、その先をどんどん落としていけば、尖閣が中国の領土になる」というのが、基本的な考え方ですね。だから、「尖閣は戦わずして取れる」と思っているでしょう。

要するに、フィリピンとか、ベトナムとか、インドネシアとか、ほかのところが幾《いく》つかありますけれども、「中国がそれらの海を支配してしまったら、結果的に、尖閣などは、自動的に問題なく中国のものになってしまう」という考え方ですね。

もちろん、台湾《たいわん》や香港《ホンコン》の完全支配も、いちおう、彼の頭のなかには入っていますので、尖閣のところは、猫《ねこ》がネズミをからかっているぐらいのつもりでしかありません。その程度でしょうね。

綾織　ありがとうございます。

今年、朝鮮半島に大変な危機が来ることを、まざまざと感じさせていただきました。

大川隆法　はい。では、これでいいですか。

綾織　はい。

8　日本よ、目覚めよ！

大川隆法　まあ、あまり先までは見えなかったし、「北朝鮮がなくなる」という話も、「金正恩《キムジョンウン》が死ぬ」という話も出てこなかったですね。二〇二〇年ぐらいまでは混沌《こんとん》とした状態で、あまりいい感じではありませんでした。これは、「幸福実現党の快進撃《かいしんげき》は、そう簡単には来ない」ということも意味しているのではないかと思います。

「天変地異が、あちらには起きないで、こちらに起きる」というのも、残念なことではありますが、「目覚めなければいけない」ということなのでしょうかね。

あとは、アメリカの大統領選等もありますし、たぶん、次は共和党が出てくるでしょうから、そのへんで、また変わってくるかもしれません。

さらには、中国の問題でしょうね。中国に関しては、二〇一六年から二〇二〇年の間のあたりが、たぶん勝負になってくると思われます。

それにしても、日本というのは、かわいそうな国ですね。本当に余分な時間がずいぶんかかっていますが、これは、「論理的に考えることができない人たちばかりが支配している」ということですね。

第2部

「金《キム》日《イル》成《ソン》」を霊査《れいさ》する

二〇一三年二月十四日　収録

東京都・幸福の科学総合本部にて

金日成《キムイルソン》（一九一二～一九九四）

朝鮮民主主義人民共和国（北朝鮮）の初代最高指導者。共産青年同盟をへて、中国共産党に入党。抗日遊撃隊《こうにちゆうげきたい》組織に参加し、抗日運動を展開。このころ、「白頭山《はくとうさん》の虎《とら》」「金日成将軍」と呼ばれるようになる。一九四〇年、ソ連に脱出《だっしゅつ》。日本敗戦後の一九四五年十月、ソ連占領《せんりょう》下の北朝鮮に戻《もど》り、一九四八年の建国時に初代首相に就任した。その後、党内闘争《とうそう》をへて、朝鮮労働党、政府、軍の権力を掌握《しょうあく》し、独裁体制を築く。一九七〇年代には、自主外交・自立経済・自衛国防を柱とした「主体思想《チュチェ》」による国家建設路線を打ち出した。

質問者　※質問順

綾織次郎《あやおりじろう》（幸福の科学理事兼《けん》「ザ・リバティ」編集長）

矢内筆勝《やないひっしょう》（幸福実現党党首）

［役職は収録時点のもの］

1　「金日成《キムイルソン》の居所」を突《つ》き止める

霊言《れいげん》収録前に「霊界《れいかい》での居所」を調べてみる

大川隆法　第1部では、「北朝鮮」という国家の運命をリーディングしてみましたが、第2部では、おそらく〝北朝鮮の神〟になっていると思われる金日成を霊査《れいさ》したいと思います。

とりあえず、最初は、どのへんにいるかを視《み》てから、呼ぶことにしましょう。

第2部では、北朝鮮の「建国の父」であり、抗日《こうにち》ゲリラ戦を展開して将軍となり、主体《チュチェ》思想を説き、国家主席にもなった金日成の死後の行方《ゆくえ》について、まず、どのへんにいるかを視て、そのあと、霊言《れいげん》ができるようなら、霊言をしたいと思います。

それでは、探索《たんさく》に入ります。

（瞑目《めいもく》し、顔の前で両手の指先を合わせて三角形をつくり、約十五秒間の沈黙《ちんもく》）

「坑道《こうどう》」や「丘陵地帯《きゅうりょう》」に延々と続くトロッコの線路

大川隆法　真っ暗い闇《やみ》のなかで、なぜか、月ではないのですが、もう少し白っぽいものが、丸くなって、空に一つだけ浮《う》いているような感じに、今のところ視えています。

さらに、フォーカスします。

（約十秒間の沈黙）

白く、月のように視えていたものは、近づいていくと、少し奥行《おくゆ》きのあるもののようで、洞窟《どうくつ》のようにも視えます。さらに近づきます。

（約十秒間の沈黙）

相変わらず、真ん中だけが明るくて、周りは真っ暗です。でも、洞窟のなかを進んでいるような感じがします。

空のほうにあると思われた、その丸いものが、今、下に向かい始めています。石炭を掘《ほ》るための坑道《こうどう》のようなものを下《くだ》っている感じがしてきて、二本のレールとトロッコのようなものが視えてきました（図解①）。

そのトロッコのあとをついていきます。

（約五秒間の沈黙）

ずうーっと降りていって、右に折れました。まだ線路が視えます。右のほうへ行

図解①

きます。まだ、ずうーっと続いています。先のほうに、出口か何か分かりませんが、明るく丸いものが視えるものの、まだ坑道を走っています。

今、坑道を出ました。左側は、三十度ぐらいの斜面《しゃめん》ですね。右側は、もう少し高くて六十度ぐらいの斜面ですが、いちおう穴の外側に出ました。周りは小さな丘陵《きゅうりょう》ですね。小さな丘《おか》のようなものがたくさんあります。

ただ、坑道を出たけれども、トロッコの線路のようなものはまだ走っています。そのトロッコの線路の下には砂利《じゃり》が敷《し》いてあるのですが、今、私は、その砂利の上を走っている線路を見ながら、進んでいます。

どこへ行くのでしょうか。いちおう地上のような風景ではありますが、周りは灌《かん》木《ぼく》で、大した景色はありません。

左に折れました。少し狭《せま》くなりまして、またトンネルがあります。そのトンネルを、今、くぐりました。これはコンクリートで固められたような小さなトンネルです。これをくぐって、左に折れて、次に右に折れて、奥に進み、途中《とちゅう》、トンネルが切れて、外の植物が茂《しげ》っている景色が、二、三十メートル視えて、またトンネルに入りました。

そして、右側に緩《ゆる》やかにカーブをしていって、そのあと、少し下っていきます。下っていって……。長いですね。どこまで行くのでしょうか。

しばらく行って、また少し右に折れながら、下っていきました。これは、どこまで行くのだろう？　うーん。

前方に、もう明るい光は視えなくて、真っ暗な坑道になってきましたね。もう光がない所に入ってきました。

目の前で、またストーンと下に落ちていきます。

それから、上がって、ちょっと地上風の所へ出て、四、五十メートル走り、また、次の丘のような所のトンネルに入りました。


（約五秒間の沈黙）

「ロシアの教会風の建物」が視《み》えてきた

大川隆法　どこまで行くのでしょうか。そろそろ最終地点を視《み》せてもらいたいのですが……。

うーん。今、上空から、少し視えてきたものがあります。上空から、建物が一つ視えてきました。やや教会風ではありますが、普通《ふつう》の屋根ではありません。ロシアなどに建っている教会のような建物です。緑青《ろくしょう》色の尖塔《せんとう》が付いている細い教会のような建物が、今、眼下に視えています。

ちょっと、下に降りてみます。

外見上は、いちおう教会に似たようなものですね。入り口には大きな木戸《きど》がありますす。鉄の輪っかのようなものが二つ付いていて、それで開けられるようになっている木戸です。教会風の建物ではあります（図解②）。

なかに入ってみます。

図解②

（約十秒間の沈黙）

霊界《れいかい》で「カニとクモを併《あわ》せた怪物《かいぶつ》」になっていた金日成

大川隆法　なかは暗くて、まだ視えません。少し暗くて視えないのですが、薄《うす》い、橙色《だいだいいろ》のようなものが二つ視えてきました。下のほうにも、チラッチラッと光るものがあります。同じく橙色ですが、やや小さいもののようです。何か、節《ふし》のようなものが光っている感じがします。左側に一個、二個、三個あり、右にもあります。

上にある二つの橙色のものは、「目」でしょうか。

下にあるのは……、これは脚《あし》ですね。脚が合計六本あります。それは、膝《ひざ》をついているような折れ方をしている脚ですが、その脚の膝小僧《こぞう》のところが、目のような感じで、橙色の光を放っています。

もう少しフォーカスします。「赤外線型の目」に変えないと視えないので、ちょっと視覚を変えます。

正体を現しなさい。


（約五秒間の沈黙）


この生き物は何なんだ？　うーん。この生き物は何なんだろう？

大きな目が二つあります。カニの目のような目です。それから、脚が、けっこうあります。そうですね、カニの脚のようなものを考えたらよいと思います。脚は六本ありますが、その結節点のところに、目のようなものが付いています。だから、合計八個、目のような明かりがあります。

闇のなかに潜《ひそ》んでいますが、もう少し明確に姿を視ます。

うーん。カニとクモですね。クモというのは、蜘蛛《くも》の巣を張るクモです。これは、カニとクモを合わせたような生き物です。

今、その裏側を見ているのですが、裏側は、確かに、カニの甲羅《こうら》のようでもあるし、模様はクモのようでもあります。

脚が六本で、大きな目があり、口のところには、小さい触角《しょっかく》のようなものが、左右に二本ずつ、合計四本出ています。口のところは、カニというよりは、何となく、昆虫《こんちゅう》に似ている感じがします（図解③）。

これが金日成の姿ですか。なんだか、化け物になっていますね。

金日成ですか？　金日成さんですか？

視ていると、奥に、金正恩《キムジョンウン》の、あの側面の髪《かみ》を剃《そ》り上げた顔が視えてくるので、霊的《れいてき》につながっているのでしょう。

金日成は怪物《かいぶつ》になっています。怪物ですね。ここは、山の洞窟のような感じだから、白頭山《はくとうさん》なのでしょうか。白頭山のような感じです。

全長は、どのくらいあるでしょうか。うーん。全長十メートルぐらいはあるかな。そのくらいの怪物ですね。カニとクモを合わせたような怪物になっています。

図解③

いちおう、やや教会に似た建物のなかではあったけれども、最後は、やはり、暗闇のなかにいましたね。

しかし、彼を視ていると、裏側に、金正恩の顔などが視えてくるので、霊的につながっているのだろうと思われます。

これによく似ているものは、統一協会の教祖（守護霊《しゅごれい》）のタランチュラ型でしょうか（『宗教決断の時代』〔幸福の科学出版刊〕参照）、感じとしては少し似ています。あちらは、もっと明確なクモでしたが、こちらは、クモそのものというよりは、「カニに少し似たクモ」ですね。

カニに似ている部分は、おそらく、戦闘性《せんとう》というか、戦争のようなものを意味しているのではないでしょうか。つまり、鎧《よろい》や尖《とが》った武器の部分を意味しているのではないかと思われます。

これが金日成です。

金日成が潜《ひそ》んでいた場所は間違《まちが》いなく「地獄《じごく》」

大川隆法　こんな姿ですが、呼んでよろしいでしょうか。

綾織　はい。

大川隆法　何かしゃべるとは思いますよ、たぶん。ただ、化け物です。

綾織　「指導している」ということなのであれば、やはり、その考え方を聴《き》きたいと思います。

大川隆法　指導しています。

これは、白頭山系あたりの地下ですね。神様になっているつもりでいます。

統一協会の教祖（守護霊）の霊体とよく似た形ですが、カニの姿に近かったので、少し違《ちが》います。甲羅が硬《かた》く、尖っていて、相手を傷つけることができるようです。これは、軍事的な能力を持っていることを意味していると思われます。

まあ、統一協会の教祖と形が似ているところを見ると、やはり、「人を騙《だま》して、からめ捕《と》る傾向《けいこう》性を持っている」ということでしょうか。

間違いなく、地獄《じごく》です。

綾織　教会風の建物は、何を象徴《しょうちょう》しているのでしょうか。

大川隆法　分かりません。封《ふう》じ込《こ》められているのかどうかは分かりませんが、教会風に視えたのは、「神様風に祀《まつ》られている」「〝北朝鮮の神様〟になっている」ということを意味しているのかもしれませんね。そのような感じに視えました。

ややロシア風の建物に視えましたけれども、いちおう、地獄の化け物です。

北朝鮮の初代国家指導者、金日成を招霊《しょうれい》する

大川隆法　それでは、お呼びしましょう。

（質問者に）頑張《がんば》ってくれますか。あまり醜態《しゅうたい》をさらさないことを私は祈《いの》りたいですが、頑張ります。

こういうときは、別のチャネラーを呼び、その人に入れたほうがよいのですが、今回は、国家主席ですし、失言が重要な問題を起こすこともあるので、やはり精度が大事です。したがって、自分でやります。

まあ、あまり見苦しい格好はできるだけしたくないので、小林早賢《こばやしそうけん》副理事長的に、さわやかにいきたいと思っておりますが（笑）（会場笑）。

（瞑目し、合掌《がっしょう》する）

それでは、北朝鮮の初代の国家指導者である金日成の霊《れい》を、幸福の科学総合本部に招霊《しょうれい》したいと思います。

金日成の霊よ、金日成の霊よ、金日成の霊よ。

どうか、幸福の科学総合本部に降りたまいて、われらに、その意見を伝えたまえ。

金日成の霊よ、金日成の霊よ。

どうか、幸福の科学総合本部に降りたまいて、われらに、その考えを伝えたまえ。

われらに質問するチャンスを与《あた》えたまえ。

2 地獄《じごく》で「戦いの準備」を進めている金日成

霊体《れいたい》の姿は「武力革命を常に志している」という意思表示か

金日成　ヤーッ。ハハハハハハ。ハッハッハッハッハッハッハッハ。アッハッハッハッハッハッハ。何だ？

綾織　こんにちは。

金日成　何だ？　アッハッハッハッハ。

綾織　非常に、お元気そうでいらっしゃいますけれども。

金日成　「将軍様」とか、なんか、言葉はないのかね？

綾織　今でも、「将軍様」でよろしいのでしょうか。

金日成　まあ、「主席様」でもよろしいが、「将軍様」のほうが気分がいいかなあ。

綾織　では、「金日成将軍」と呼ばせていただきますが、今も、おそらく北朝鮮の指導部を指導されているかと思います。

金日成　もちろんだよ。

綾織　そこで、ご自身の、今のご意図や計画等を教えていただきたいと思いまして、本日は、お呼びさせていただきました。

金日成　うんうん。君、言葉遣《づか》いが、なかなか丁寧《ていねい》だなあ。うん。よろしい。

綾織　その前に、今いらっしゃる場所について確認したいのですが、ちょっと人間風ではないご様子の……。

金日成　それは人間じゃない。〝神様〟だから、当然だ。

綾織　「神様の姿をされている」という状態ですか。

金日成　うん。〝神様〟だから、そらあ、人間じゃないよ。うん。

綾織　クモとカニが合体したような姿と聞いておりますが。

金日成　ん？　まあ、それは主観だから、知らないけれども、とにかく、何て言うのかなあ、やっぱり、「武力革命を常に志している」という意思表示だな。

綾織　ご自身では、どういう姿に見えているのでしょうか。

金日成　ん？

綾織　やはり、武装しているような姿でしょうか。

金日成　いやあ、わしは、「金の銅像」で立ってるつもりでおるんだが。

綾織　ああ、はい。

金日成　そんな感じなんだが。うん。そういう感じなんだ。うん。金正日《キムジョンイル》総書記の霊《れい》は近くにいるが、まだ抗日《こうにち》戦の訓練中

綾織　よく話をされる方はいらっしゃいますか。

金日成　ん？　ま、〝神様〟になって、話をするような人がいるってことは、あんまり、ないんじゃないか。

綾織　では、お仲間というか、「近くに誰《だれ》かがいる」という状態ではないわけですか。

金日成　ああ、息子《むすこ》（金正日《キムジョンイル》）が亡《な》くなったかなあ。この前なあ。

綾織　そうですね。

金日成　これから、ちょっと仕上げなきゃいけないところではあるなあ。後継者《こうけいしゃ》としてなあ。うーん。

綾織　金正日総書記は、近くにいらっしゃるのでしょうか。

金日成　うん。まだ、ちょっと仕込《しこ》み中なんで、とにかく訓練しなきゃいけない。やっぱり、何事も訓練で、抗日《こうにち》戦の訓練というのは大事であるからねえ。

「日本軍と戦うための地下道」を張り巡《めぐ》らしている

金日成　とにかく、今は、一生懸命《いっしょうけんめい》、穴を掘《ほ》らなきゃいけないんだよ。

綾織　はあ。

金日成　穴を掘って、身を隠《かく》さなければいけない。攻撃《こうげき》に耐《た》えなければならないのでね。日本軍は、ほんとにもう、けしからんことをいっぱいするから、四方八方《しほうはっぽう》に通じるような地下道を掘って、身を隠し、どっからでも出ていって、攻撃、反撃できる態勢をつくらなければいけない。

やっぱりだねえ、あのベトナム戦争において、ベトコン（南ベトナム解放民族戦線）が、賢《かしこ》くも、米軍を破った作戦な。やっぱり、あれがいちばんだな。

つまり、地下に迷宮《めいきゅう》のような通路を張り巡《めぐ》らしておけば、日本軍がどこから攻《せ》めてきても、逃《に》げることもでき、背後から襲《おそ》うこともできる。向こうには分からない。そういう動きは大事だな。

だから、今、われわれは、力を入れて、地下の通路を張り巡らすトンネルをつくっていて、あなたがたには、その地図が手に入らんようにはしたいと思っとる。

綾織　先ほど、映像に出てきたトンネルは、全部、つながっているのでしょうか。

金日成　まあ、そうなんだ。いろんな地下道が必要なんだ。うん。

「若くて優秀《ゆうしゅう》な金正恩《キムジョンウン》なら、韓国《かんこく》や日本を取れる」との目論見《もくろみ》

綾織　今、そういう戦いの準備をされている状態かと思いますが、現代におきましては、先般《せんぱん》、北朝鮮が三回目の核《かく》実験を成功させました。核保有については、かなり昔から計画を持っていましたので、これについても、ご指導されていると思いま

すが、この狙《ねら》いは、どういうところにあるのでしょうか。

金日成　優秀《ゆうしゅう》な後継者に恵《めぐ》まれて、本当に、わしは幸福だな。いよいよ、わしの本来の望みが叶《かな》えられる時期が近づいた。

まだ若い指導者であるのでなあ。うーん。若くて優秀だ。あの若さからいえば、韓国《かんこく》を取り、日本を取るぐらいまでは行けるんじゃないかなあ。

綾織　金正恩《キムジョンウン》第一書記は、金日成将軍を非常に意識しているようです。

金日成　そらあ、そうだろう。やっぱり、「再来」をイメージしてるところだと思うなあ。

綾織　髪型《かみがた》も、横を刈《か》り上げて、似た形にしています。

金日成　そうだなあ。うーん。君、なかなか物知りで、なんか物腰《ものごし》もいいし。

綾織　ああ、ありがとうございます。

金日成　どうだい？　北朝鮮に亡命《ぼうめい》しないか。

綾織　（苦笑）いえいえ。それは、ご勘弁《かんべん》いただきたいです。

金日成　なんか、報道官で使ってやりたい。

3 「日・米・韓《かん》」への屈折《くっせつ》した思い

北朝鮮は本当に「核《かく》ミサイル」をアメリカに撃《う》ち込《こ》むのか

綾織　今後の展開ですが、北朝鮮はミサイルも持ちました。これは、「射程一万キロメートルで、アメリカに届く」と言われています。

金日成　うんうんうん。

綾織　この核《かく》ミサイルを使って、アメリカを脅《おど》していくことを考えているのでしょうか。

金日成　「ついにアメリカを脅せるところまで来た」っていうのは、大きいよなあ。「海兵隊が上陸したときに、もうオバマさんの本拠《ほんきょ》地《ち》のシカゴが炎上《えんじょう》している」なんていうのは面白《おもしろ》くないか。すっきりするよな。

綾織　それを、ご生前から、ずっと狙《ねら》って、計画されていたわけですね。

金日成　やっぱり、ちょっとはアメリカに撃《う》ち込《こ》まないとすっきりしないよな。決着をつけてやるよ。三十八度線で休戦してるだけだからねえ。戦争が終わったわけじゃないの。休戦してるんだよ。いよいよ決着をつけるときが来たんだな。うーん。三代目を得て、いよいよ決着をつけるときが来た。

綾織　なるほど。

「三日で韓国占領《かんこくせんりょう》は終わる」と豪語《ごうご》する金日成霊《れい》

綾織　先ほど、「北朝鮮の未来透視《とうし》リーディング」をさせていただいたところ、韓《かん》国《こく》と交戦状態に入っている未来が、近々、来るようでしたが。

金日成　いや、そんな交戦状態なんかに入るわけないじゃないか。韓国ぐらい一撃《いちげき》だよ。

綾織　ああ、そうですか。

金日成　そんなの一撃で終わってしまう。まあ、三日あれば、韓国占領《せんりょう》は終わるな。三日だ。韓国が三日以上もつわけないじゃないの。当ったり前だよ。

綾織　韓国を占領し、統一するところまで持っていくわけですか。

金日成　当然じゃないですか。だって、韓国には人数がいるから、あれを奴隷《どれい》階級として、下層の兵隊に変えて、彼らを戦わせなきゃいけないなあ。われら北朝鮮の人間は貴族階級になるから、韓国民を戦闘員《せんとういん》に変えなきゃいけないですし、働かせて貢《みつ》がせなきゃいけない。

だから、「われらがローマ市民で、彼らはアフリカから連れてきた奴隷」みたいな感じにしなくちゃいかんな。

〝東京大虐殺《トンキンだいぎゃくさつ》〟を行い、日本女性を〝従軍慰安婦《じゅうぐんいあんふ》〟にするプラン

綾織　その先のプランには、視野として、日本も入っているのでしょうか。

金日成　まあ、日本も当然、反省せないかんわな。〝日帝《にってい》〟の「日韓併合《へいごう》の三十何

年の罪」な。やっぱり、日本人も何かせないかん。南京大虐殺《ナンキンだいぎゃくさつ》じゃない〝東京大虐殺《トンキン》〟も、一回はやらなきゃいかんと思うし、日本の女性たちも、〝従軍慰安婦《じゅうぐんいあんふ》〟で一回使ってやりたいな。うーん。連れてきて、みんなで北朝鮮のウランでも掘《ほ》らしてやりたいな。

綾織　南北を統一したあと、日本をどういう状態に置こうとお考えなのでしょうか。

金日成　まあ、いちおう〝金庫〟とは思っておるがな。〝金庫〟と思ってはおるから、日本人が貢いでくるのが筋だわな。

過去の賠償金《ばいしょうきん》だって、まだまだ終わってない。賠償は終わってないからさ。

（北朝鮮が）こんなに貧しくなったのは、日本が、われらの国を徹底的《てってい》に痛めつけ、中国まで痛めつけたからだ。そのせいで、こんなに発展が遅《おく》れたわけだから、日本は、全財産を投げ出して、もう一回、ゼロから、縄文《じょうもん》時代からやり直すつもりでやったほうがいいよ。

「韓国《かんこく》は日米の〝慰安婦《いあんふ》〟と化して金儲《かねもう》けした」という邪見《じゃけん》

綾織 あえて、反論させていただきますと……。

金日成 君、報道官になれないよ、反論すると。

綾織 いえ、それは結構でございます。

金日成 うーん？

綾織 韓国《かんこく》も同じような状態に置かれながらも、戦後、発展しましたので、やはり、そこには、ある程度、金日成将軍の責任もあると思います。

金日成　それは、きっと、アメリカから賄賂《わいろ》をいっぱいもらったんだ。やっぱり、正義を貫《つらぬ》かなきゃいけないんだね。君たちの政党（幸福実現党）と一緒《いっしょ》なんだ。われわれは正義を貫いたために、貧しい生活に甘《あま》んじているのよ。だけど、韓国は正義を貫かなくて、〝慰安婦《いあんふ》〟と化したんだよ。日本とアメリカの〝慰安婦〟と化して、金儲《かねもう》けしたんだよ。それが韓国の発展の意味だ。われわれは、正義を貫いたために、今、君らと同じ環境《かんきょう》で苦しんでるわけだよ。

「北朝鮮を応援《おうえん》した朝日新聞は正しかった」と断言

矢内　幸福実現党の矢内でございます。

今、「正義」という言葉を使われましたが、国家の為政者《いせいしゃ》にとっての正義としては、やはり、「国民の幸福」が最大のものだと思います。

しかし、あなたが指導されている北朝鮮のなかでは、国民がたいへん不幸な状況《じょうきょう》にあります。

金日成　そんなことないよ。それは君、偏見《へんけん》だよ。それを「偏見」って言うんだよ。

矢内　飢《き》餓《が》、強制収容所、虐殺……。

金日成　君はねえ、とっくの昔にマインドコントロールされてます。早く正しい心に立ち返りなさい。正念《しょうねん》に立ち返り、朝日新聞の戦後の主張を、もう一回、勉強し直して、心を入れ替《か》えて懺悔《ざんげ》しなさい（矢内は元・朝日新聞の記者）。新聞社の前で街宣するんじゃなくて謝《あやま》るんだ。

こうやって（土下座《どげざ》をするしぐさをする）、畳《たたみ》を持っていって、座敷《ざしき》を敷《し》いて、白装束《しょうぞく》で切腹《せっぷく》の格好をして、「私は裏切りました。間違《まちが》えました。北朝鮮は正しかった。北朝鮮を応援《おうえん》した朝日新聞は正しかった。中国は正しかった。日本は間違っていた」と。あんた、これをやるんだ。

強制収容所を「脱《だつ》洗脳のための迎賓館《げいひんかん》」と言い張る苦しさ

綾織　強制収容所は不幸の最たるものですけれども、これは、金日成将軍が設《もう》けたものです。

金日成　うん？　強制収容所？　そんなものはないよ。ゲストハウスしかないよ。別に。うん？

綾織　いえいえ。これは、アメリカの人工衛星でも明らかになっております。

金日成　いや、それは、彼らが勝手に言うことであって、われらには、強制収容所なんかないよ。〝ゲストハウス〟は持ってるけども……。

綾織 そこから脱出《だっしゅつ》した人もいますし……。

金日成 〝迎賓館《げいひんかん》〟だよ。

綾織 〝迎賓館〟ですか。ここに数十万の人たちがとらわれており、極貧《ごくひん》生活で、まともに食事も与《あた》えられず……。

金日成 まあ、そうねえ、洗脳にかかった人たちの、その洗脳を解かなきゃいけないから、病院に入れなきゃいけないけど、病院よりも、もっといい施設《しせつ》を与えてるんだよ。洗脳を解かないと、洋風かぶれしたりして、われわれの思想を「間違っている」と思うようなやつが出てくるんだな。こういうやつには、ちょっと脱洗脳をかけて……。

朝日新聞は「朝鮮日報《にっぽう》」の代わりなのか

綾織　どういう人間が、望ましいのでしょうか。

金日成　だから、朝日新聞の伝統的な主張を正義とする考えでもって、日本、あるいは、アメリカを反省させ、韓国の裏切りに対しても反省をさせることが大事だ。

矢内　自分たちの権力や栄華《えいが》のために、国民を奴隷にしているとしか見えません。あなたにとって、国民はどういう存在なのでしょうか。

金日成　君ら、ちょっと北朝鮮に来て、映画を観《み》たらいいよ。日本人が、どんな悪い顔つきで、悪役をやってるか。みんな、そんな映画ばっかり観てるんだからさあ。韓国もそうだし、中国もそうだけどね。

日本人って、（映画に）出てくるときには、もう、銀行強盗《ごうとう》の仲間みたいな者ばっかりなんだ。ものすごく嫌《いや》らしい悪人ばっかり出てきて、みんな、「どう戦って、それを打ち倒《たお》すか」ということで、ワクワクして観ているんだね。自分たちの自己イメージを変えたほうがいいよ。間違っているんだから。

矢内　やはり、「朝日新聞的な歴史観」というものがあって、「日本は過去に悪いことをした」という……。

金日成　それは、そうだよ。あれは、「朝鮮日報《にっぽう》の代わり」なんだろう？

日本の統合により経済的・文化的に大発展した朝鮮半島

矢内　ただ、当時の国際政治を世界史的に見ますと、「もし、日本が韓国を併合していなければ、間違いなく、朝鮮半島はロシアの植民地になり、朝鮮の方々は悲惨《ひさん》な状況に追い込まれた」と思います。今、「世界史的には、これが正しい見方だ」というように言われ始めていますよ。

金日成　日本よりは、ましかもしれないじゃないか。ロシアのほうが、ジャガイモをいっぱいくれるかもしらんから、日本よりは、ましかもしらん。

矢内　でも、日本の統治によって、朝鮮半島は、経済的にも文化的にも非常に発展しました。

金日成　それは、日本が言うてることだよ。われらが、今、貧しいのを見たら、元が、そんなに豊かなわけがないじゃないか。搾取《さくしゅ》されたんだ、搾取。うん。いちばん汚《きたな》い労働を強制されて、搾取されたんだ。

矢内 「日本の統治による恩恵《おんけい》は非常に大きかった」と世界史的には認められています。「反日を強調しなければ、国民を支配できない」というロジックのなかで、あなたは、ずいぶん頑張《がんば》ってこられたと思うのですけれども。

金日成 何だ、君。もうねえ、〝英雄《えいゆう》〟なんだよ。日本に徹底的に取られてね。もう、国も取られ、名前も取られ、重要なところを全部押さえられ、さらに、中国にまで悪質に攻《せ》め込んできた日本と戦って、抗日《こうにち》して、国を独立させた私は、もう、〝英雄のなかの英雄〟〝神のなかの神〟なんだよ。これ以上の人がいるわけがないじゃないか。

まったくの別人が「金日成将軍」になりすました?

綾織 その抗日の部分なのですが、「金日成将軍」というのは、実際には別にいて、まったくの別人が金日成将軍になりすまして、北朝鮮に……。

金日成　君、それは、もう、マンガの読みすぎだ。

綾織　いえいえ。

金日成　マンガの読みすぎだ。アメリカ製のそんなものに騙《だま》されちゃいけないよ。気をつけろ。

綾織　「実際には年代が違う」という説がありまして……。

金日成　偉《えら》い者は、全部、俺《おれ》なんだよ。だから、関係ないんだよ。

綾織　「偉い者であれば自分」ということですね。

金日成　全部、俺なんだ。すべては、俺の手柄《てがら》なんだから。

矢内　平壌《ピョンヤン》で初めて演説されたとき、大英雄が演説するのかと思ったら、「非常に情けない演説だった」とのことですが。

金日成　君ね、朝日新聞を裏切るから、そういう発言になるわけよ。朝日新聞の記者だったら、そんなことは書けないですよ。「粛々《しゅくしゅく》と、整然と話をした」ということになる。

矢内　「『本当に、この人が英雄なのか』と思うような演説だった」と、記録には遺《のこ》っております。

金日成　オバマだって、演説に失敗することはあるんだからさ。もう、細かいことは言うんじゃねえよ。

4　金日成が最終的に目指すもの

韓国《かんこく》人を事務総長に据《す》える国連は「北朝鮮の敵だ」

綾織　ところで、「中国との関係」について、お伺《うかが》いしたいのですが。

金日成　おー、中国な。うんうん。

綾織　「北朝鮮は貧しい」というお話でしたけれども、実際に、食料もエネルギーも中国から供給されて、やっと、国が成り立っている状態かと思います。これは、

金日成時代から……。

金日成　これは陰謀《いんぼう》で、今、国際社会がつるんどるからさ。「韓国《かんこく》の人間を国連の事務総長に据《す》える」っていうこと自体が徹底《てってい》的な嫌《いや》がらせだよね。こんなことは、ほんとにあってはならないことだよ。「韓国人を事務総長に据える」っていうことは、基本的には、「国連は北朝鮮の敵」っていうことだよな。

（国連に）何カ国が入ってるのか知らんけどさ、百国か二百国か入ってるんだろうけど、「全部、北朝鮮の敵で、みんなでグルってる」と考えていいわけだから、国際世論《せろん》なんて、もう、全然、聞く気はないね。

日・米・韓《かん》を蹴散《けち》らして、「中国のライバル」を目指す？

綾織　中国に支えられながら、何とか国が成り立っていることについて、ご自身では、どう考えていらっしゃるのですか。

金日成　昔から、そうだから、しょうがないじゃないか。

綾織　「しょうがない」ですか。

金日成　別に、私の代じゃなくて、昔から、中国とはそういう関係だから、しょうがないじゃない？

綾織　基本的に、中国の言いなりになってしまうわけですね。

金日成　いや、大国なんだから、しょうがないじゃないか。大きいし、資源もあるし、人口もあるし、軍事力もあるんだからさ。

まあ、アメリカの横にいるようなもんだから、（北朝鮮は）アメリカの横のメキシコ程度のものかな。せいぜい、アメリカにくっついてるメキシコみたいなものなんで、そうは言ったって、〝アメリカ〟への依存《いぞん》は強くなるわなあ。

綾織　中国の場合は、習近平《しゅうきんぺい》氏がトップになりまして、「世界帝国《ていこく》を築く」という国家目標がだんだん明らかになってきているわけですが、これにくっついていくかたちになるのですか。

金日成　いやあ、「くっついていく」というよりは、やっぱり、ライバルでありたいな。うん。

綾織　あ、そうですか。

金日成　ライバルでありたい。だから、ちょっと先鞭《せんべん》をつけたいところですな。

北朝鮮独自の力で韓国《かんこく》・日本・米国を蹴散《けち》らすところをスカッと見せたい。そうしたら、イニシアチブが取れるから、中国も一目置くだろうね。

イランやパキスタンとは「敵の敵は味方」という関係

綾織　あと、対外関係のところで言いますと、核《かく》開発、あるいは、ミサイル開発の部分で、イラン、パキスタン等とのパイプが非常に太いようですが。

金日成　それはあるよ。友達ぐらいは、ちょっとつくってるよ。それはそうだよ。

綾織　これは、「ほとんど同盟関係にある」と考えてよいのでしょうか。

金日成　まあ、同盟というより、「敵の敵は味方」だよな。基本的には、そういう感じかな？　敵の敵は味方だからさ。

北朝鮮を滅《ほろ》ぼすとしたら、最終的にはアメリカしかないじゃないか。だから、アメリカの敵になるところは、基本的に味方だわな。そういうことだから、パキスタンやイランは非常に重要な国だな。

「核《かく》ミサイルが撃《う》てる北朝鮮はアメリカと対等」と豪語《ごうご》

綾織　「最終的にアメリカを倒《たお》す」というのは、先ほどおっしゃった核《かく》ミサイルを、本当に……。

金日成　あ、もう倒せるよ。いつでも倒せる。

綾織　いつでも倒せる？

金日成　うん。いつでも倒せる態勢に入った。

綾織　オバマ大統領については、どのように見ていらっしゃいますか。

金日成　うーん、ハワイの知事でもしてたら、よかったんじゃないかなあ。そんな感じだな。

矢内　「アメリカを倒す」とおっしゃいましたが、「世界ナンバーワンの国家」と「世界の最貧国《さいひんこく》」とでは、軍事的にも経済的にも、まったく相手にならないと思いますよ。

金日成　君ね、イラクの、いや、イラクじゃない、間違《まちが》えた。オサマ・ビン・ラディン？　まあ、知らないけど、アメリカの旅客機《りょかっき》を乗っ取って、突《つ》っ込《こ》んで、ゲリラ・テロをするみたいな、ちっこいことを私はしない。

「国家対国家」としての正々堂々《せいせいどうどう》の戦いだから、堂々と核《かく》ミサイルをぶち込んでやる。あんなところと一緒《いっしょ》にしないでくれよな。あれで「アラブの盟主」って言ったんだろう。わしらは、はるかにそれを超《こ》えとるわな。

だから、アメリカをぶっ倒したら、日本なんか、もう完全に奴隷《どれい》状態だろうね。戦う気力なんかないから、憲法九条なんて、なくなるどころじゃない。君、「憲法九条をなくそう」だなんて、とんでもない。憲法九条は、もう、九条から一条に移動してくるよ。たぶんな。「天皇制」に代わって、「日本は完全に戦争放棄《ほうき》、軍備放棄する」というのが、憲法一条にやってくる。もうすぐ、そういう国になるよ。

矢内　ただ、あまりアメリカをなめると、サダム・フセインのように逆襲《ぎゃくしゅう》を受けて、国が滅びることが容易に想像できるのですが。

金日成　いや、国が違うんだって。こっちは、すでに核ミサイル、弾道《だんどう》ミサイルで宇宙空間から攻撃《こうげき》できるんだ。ええ?

だから、もう完璧《かんぺき》に対等なんだよ。先制攻撃をかけたほうが、核は勝ちなんだよ。後になったほうが負けなんだよ。核兵器というのは、先に撃《う》ち込まれたら、それで終わりなのよ。そういうものなんです。それが「先軍《せんぐん》政治」の意味なのよ。

金日成にとって最も憎《にく》いのは「日本」

矢内　あなたは、今、「アメリカは敵だ」と言っていますが……。

金日成　うん。敵だよ。

矢内　今回、「金正恩《キムジョンウン》は、アメリカに届く小型化した核ミサイルを開発した」と言われています。

金日成　偉《えら》い。偉い。

矢内　それは、ある意味で、「アメリカに対してしっかりと矛先《ほこさき》を向けながらも、本当の目的は、また別なところにあるのではないのか」とも考えるのですが。

金日成　やっぱり、国際秩序《ちつじょ》は変えなければいかんな。北朝鮮が国連の事務総長をするならいい。「世界の国を北朝鮮中心に組み立てる」という国際秩序なら許されるが、「韓国を中心とする」っていうのは、ちょっと許せないな。

矢内　やはり、いちばん憎《にく》いのは韓国ですか。

金日成　いや、そんなことはないよ。

矢内　日本ですか。アメリカですか。

金日成　いちばん憎いのは、そらあ、日本だよ。

矢内　日本ですか。

金日成　それは、当然、日本だよ。いちばんは日本だよ。だけど、アメリカが日本をバックアップしてるから、アメリカも憎いわけだよな。

「日本人に北のウラン鉱脈を三十五年は掘《ほ》らせたい」という願望

矢内　そうしますと、今回、アメリカに長距離《ちょうきょり》弾道ミサイルが届くことになったことで、極東で有事が起きたときに、アメリカが非常に参戦しにくい状況《じょうきょう》、日米同盟が機能しにくい状況ができたわけですよね。

金日成　アメリカは、ほんとに臆病《おくびょう》だからな。アメリカ人が百人ぐらい死ぬのが怖《こわ》くて、すぐ逃《に》げていくような国だからさ。

この前、テロで三千人ほど死んだぐらいで、あんなにギャーギャー言ってるんだろ？　何十万人か死ぬ実験をしたほうがいいよ。そして、精神を鍛《きた》えないといかん。

矢内　そういうアメリカの現実はあると思いますが、日米同盟に楔《くさび》を打ち込むことで、あなたの国が狙《ねら》っているのは、普通《ふつう》に考えると、「最終的には日本」という見方ができます。

金日成　「日本を狙っている」ということはないけども、「歴史の誤りは正すべきだ」とは思うな。歴史が間違ったほうに振《ふ》れたところに修正をかけなきゃいけないから、振れた分だけ、反対側のほうも、ちゃんと経験してもらわなきゃいけない。

あんたがた日本人は、北朝鮮に来て、みんなもっこを担《かつ》いで、ウランの鉱脈を三十五年ぐらい掘《ほ》ったらええよ。そうすると、歴史はちゃんと正しく修正されるな。

金正恩《キムジョンウン》が「勇気」をなくさないように気合いを入れている？

綾織　あなたは、現在、「金正恩《キムジョンウン》第一書記を指導している」ということですが、具体的には、どんなことをささやいているのですか。

金日成　やっぱり、「勇気」をなくしてはいかんので、気合いや〝精神棒〟を入れることは大事だね。

「若い」ということで、なめられてはならん。軍事的才能は、若けりゃ若いほど発揮しやすいから、「若くて、勇気があって、大胆《だいたん》で、体力がある」ということは、戦《いくさ》には強いんだよ。

隣《となり》は六十の〝ばあさん〟が大統領になったから、チャンスだよな。これは、一発で倒せるわ。

矢内　「勇気」というものには、さまざまな現れ方があると思うのですが、今回の地下核実験の強行は、世界的には、「愚《おろ》かな勇気ではないか」と言われています。それは、いわゆる「蛮勇《ばんゆう》」に当たると思いますよ。

金日成　なんでよ？　これで、国が完全に守れるようになったじゃないか。核実験に三回も成功して、長距離弾道弾を撃てるようになって、日本なんか、もう、敵じゃなくなってしまったわけだ。

「いざというときは、アメリカと刺《さ》し違える覚悟《かくご》でやりますよ」と言ったら、何もできなくなる。もう、海兵隊なんかも役に立たない。

ま、そういうことだ。

「拉致《らち》は平和的な手段だ」と開き直る金日成霊《れい》

金日成　日本なんて、ちっちゃいよ。拉致《らち》したのが何人か知らんけど、「返せ、返せ」とか、本当にケツの穴の小さい首相だ。

綾織　日本人の拉致は、もともとは、金日成さんが指示をしたものですか。

金日成　うん？　あのね、まだ〝戦争中〟なんだから、こんなものを、責任だ、何だかんだと言うほうが間違っている。〝戦争中〟なんだからさ。

綾織　あなたが拉致の指示をしたわけですか。

金日成　「拉致」っていうのは、非常に平和的な手段なんだよ。本来、殺しても構わないものを、生かしたまま連れてくれれば、その分だけ食料を食われるわけだ。食料を与《あた》えてまでして生かすのは大変なことだからね。

綾織　結局、亡《な》くなった方がたくさんいます。日本人の命を奪《うば》ったわけです。

金日成　人間、死ぬことはあるだろうよ。それはあるよ。あんたね、ほんとは、「拉致を非難する」というのは間違いですよ。まだ〝戦争中〟なんだよ。戦争が終わってないんだ。休戦してるだけなんだからさ。

金正恩《キムジョンウン》は韓国《かんこく》・日本を支配する「広開土王《こうかいどおう》」を目指している

綾織　最終的に、あなたの理想とする朝鮮半島や日本の姿とは、どのようなものでしょうか。

金日成　やっぱり、金正恩《キムジョンウン》は、「広開土王《こうかいどおう》になりたい」と言うてる。高句麗《こうくり》が最強だった時代に戻《もど》したいんでしょ？　だから、「韓国《かんこく》の南端《なんたん》まで支配し、さらに、日本に対しても、高圧的な態度で臨《のぞ》んで、隷従させたい」というところかな。

まあ、そんな気分だ。中国に対しても、もうちょっと、対等にものが言えるようなところまでいきたいわな。うん。

綾織　あなたのご意図というか、悪なる狙いというものはよく分かりました。

5　金日成の「霊的本質《れいてき》」を探《さぐ》る

過去世《かこぜ》として「白頭山《はくとうさん》の白龍《はくりゅう》」を自称《じしょう》

綾織　最後に、あなたの生まれ変わりについてお伺《うかが》いできればと思います。「これまでの転生《てんしょう》では、どのような役割をしてきたのか」といったことなどが分かれば、お教えください。

金日成　転生……。転生、転生……。転生か、転生……。転生……。うーん。ちょっとボーッとして、よく分からない感じがするなあ。むかーしの記憶《きおく》ということか？　転生。転生。転生。うーん。うーん。

綾織　やはり、過去世《かこぜ》も、朝鮮半島でいらっしゃった？

金日成　昔のことって、よく分からないなあ……。
ああ、思い出した、思い出した、思い出した。わしは龍《りゅう》だったんだ。白龍《はくりゅう》だった。白頭山《はくとうさん》の上の白龍として、長らく何千年も崇《あが》められておったんだ。白龍が人間として生まれたの。もともと神だった。

綾織　まあ、それが本当かどうかは分かりませんけれども……。
北朝鮮の「建国の父」は鄧小平《とうしょうへい》やヒトラーとは格が違《ちが》う？

綾織　あなたのほかにも、北朝鮮を導いている人はいらっしゃるのでしょうか。

金日成　導いてる人？

綾織　はい。例えば、「鄧小平《とうしょうへい》とつながりがある」とか、あるいは、「ヒトラーと関係がある」とか、そうした霊人《れいじん》ともかかわりがあるのでしょうか。

金日成　君ねえ、失礼なことを言うんじゃないよ。ヒトラーや鄧小平が何者だっていうんだよ。あんなのは「雇《やと》われ社長」みたいなもんだから、大したことないんだよ。わしは、「建国の父」だから、彼らとは、立場が全然違《ちが》うんだよ。

ヒトラーだって、ドイツを敗戦からちょっと立て直したけど、もう一回、敗戦しただけでしょう? なあ。鄧小平っていうのは、ただ、中国が金を儲《もう》けられるように、ちょっと政策を変えただけのことだな。

私は、「失われた国を、もう一回立ち上げた」という〝建国の神〟なんだよな。彼らと一緒《いっしょ》じゃないんだよ。格が違う、格が。

北朝鮮にとっては独自路線の「主体思想《チュチェ》」こそ幸福の源泉

矢内　あなたは、現在、若い将軍である金正恩《キムジョンウン》を指導しているとのことですが、今、名前が出た人のほかにも、スターリンなど、かつての有名な人物のなかで、北朝鮮を指導している方はいらっしゃいますか。

金日成　いやあ、わが国は独立しているから、そういう、他国の人から指導されるようなことはありません。「独自路線」というのが基本的なポリシーです。「独自で生きていく」ということだね。

つまり、「独自で守り、独自で食べ、独自で政治を運営していく。他国の介入《かいにゅう》は許さない」ということが、われわれの幸福なんだ。それは、日本に支配されて、十分に分かった。「自分たちで決められる」ということが幸福なんだ。

だから、自分たちで決められる「主体思想《チュチェ》」こそが、幸福の源泉なんだ。この主体思想によって、幸福を得た人を増やしていくことが大事なわけだ。

矢内　なるほど。

6　北朝鮮は「アジアの盟主」になれるのか

核《かく》実験は「中国の許可」を取らずにやっている？

矢内　お話を伺《うかが》っていると、たいへん勇ましいのですが、実際には、先ほどもおっしゃったように、「中国の指導を受けながら」なんですよね。

金日成　「指導」じゃなくて「援助《えんじょ》」だろ？　援助だ。

矢内　中国からは、傀儡《かいらい》的なかたちで関与《かんよ》されてきたはずですが。

金日成　傀儡なんかになってるつもりは全然ないな。今回、傀儡ではないことが明らかになったじゃないか。中国の許可なんか取らずに、核《かく》実験をやってるわけだからね。

矢内　「表向きは」ということですね。

金日成　いや、中国の習近平《しゅうきんぺい》は威張《いば》っとるけど、図体《ずうたい》が大きくてねえ。まあ、本人も大きいが、国も大きいから、軍部を全部は掌握《しょうあく》しとらんのだよ。あっちの軍部はけっこう勝手に動いてるのでね。

われわれは、鴨緑江《おうりょくこう》の向こうの中国軍が、発作《ほっさ》的に何か変なことをしなければいいので、あそこだけ気にしとればいい。だから、中国本土のほうは、あんまり気にしてないんだよ。

金日成が導く北朝鮮の未来は「アジアの盟主」か「崩壊《ほうかい》」か

綾織　本日、本当に、あなたが「地獄《じごく》の深いところにいる」ということが明らかになりましたので……。

金日成　それを「地獄」と思うところが間違《まちが》いなんだよ。
国際連合みたいに「多数派をとっている」と思うところが「天国」と称《しょう》していて、少数派にされたところが「地獄」と言われているだけだ。時代が引っ繰《く》り返れば、天国と地獄は逆になるんだ。

綾織　いえいえ。あなたには、地獄でおとなしくしていただき、これ以上、北朝鮮に影響《えいきょう》を及《およ》ぼさない方向に、考えを変えていただきたいと思います。

金日成　な、なん、なんでよ？　私が北朝鮮の〝神〟なのに、なんで、「影響を及ぼすな」って言うの？

矢内　あなたは孫がかわいいのでしょうが、あなたが指導していると……。

金日成　英雄《えいゆう》になれるよ。彼は、英雄になるよ。

矢内　縁起《えんぎ》の理法《りほう》（原因・結果の法則）で見ると、おそらく、北朝鮮は崩壊《ほうかい》してしまうように見えるんですけれどもね。

金日成　英雄になるよ。

矢内　間違った指導はしないほうがよいと思います。

金日成　さっきも、何だか、「北朝鮮の未来の予想」だの、インチキなものをやっておったけど（本書第1部）、あんなものを売ったら、君ねえ、詐欺《さぎ》罪で逮捕《たいほ》されるよ。
やっぱり、北朝鮮が支配するんだよ。「アジアの盟主」になるのは北朝鮮なの。何言ってんだよ。

綾織　いや、それは、国際正義が許しませんので、私たちがそれを変えていきます。

金日成　その「国際正義」が地獄なんだよ。それが地獄なの。（綾織に）君、報道官に採用しないからね。

綾織　ああ、ありがとうございます（苦笑）。

金日成　ええ？

綾織　ぜひ、そうしていただければと思います。

矢内　そのようなことは、幸福実現党も許しません。そう、お伝えしておきます。

金日成　そんな党はねえ、ないんだ。この世には存在しないんだよ。まあ、残念だったなあ。もう、蹴散《けち》らしてやるから。

君、朝日（新聞）に帰れ。嘱託《しょくたく》で、玄関《げんかん》の前でも掃除《そうじ》して、右翼《うよく》が街宣に来たときに、それと応対する役をしたらいい。な！　それが君の仕事だよ。贖罪《しょくざい》思想が大事だ、贖罪が。

矢内　そういう朝日の左がかったところも、そろそろ終わるようにしますので、ご安心ください。

「飢《う》えている北朝鮮国民」は精神を優先する〝天使人類〟？

金日成　（矢内に）君は何だか動物に顔が似てるなあ（会場笑）。君をグリルにして食べたくなってくるな。食料にちょっと飢《う》えとるのよ。何だか、わしは腹が減ってきた。お昼が近づいたんだなあ。ちょっと、君、グリルの……。

矢内　あまり美味《おい》しくありませんので。

綾織　ぜひ、ご自身の姿をよくご覧になり、反省していただければと思います。

金日成　うん？　ああ、そうか。うーん、でも、わしは大丈夫《だいじょうぶ》だ。甲羅《こうら》に覆《おお》われてるから、そんな簡単に食べられはしない。だけど、君は、なんか、美味しそうだなあ。うーん。

綾織　（笑）

金日成　いい感じだ。ちょっと来ないかい？　北朝鮮に。

綾織　そろそろ、ご自身のすみかに戻《もど》っていただければと思います。

金日成　あのねえ、中国や北朝鮮あたりでは、人肉を食べることは、まだそんなに悪いことではないんだよ。

矢内　ご自身の食料のことを言うよりも、まず飢えている国民を救うように指導してください。

金日成　まあ、今、国民はね、非常に精神的存在なんだよ。君らみたいに、ほんとに唯物論《ゆいぶつろん》に染まった国は食べ物優先で考えるんだけども、われらみたいに、精神的な〝天使人類〟はだねえ、まずは精神論から入っていくわけだ。やはり、「食べられなくても、正しい生き方をする」ということが大事なんだよ。

綾織　「国民を人間扱《あつか》いしていただきたい」ということをお願いしたいと思います。

金日成　君たちを人間扱いしてほしいってことね？

綾織　いえいえ。

金日成　国民は、もう、とっくに人間扱いされています。

綾織　はい。本日はありがとうございました。

金日成　あ、いいの？　これでいいのかな？

綾織　はい。ありがとうございます。

「韓国侵入《かんこくしんにゅう》のための地下坑道《こうどう》」を五百本掘《ほ》ってある

金日成　さっきの予言は間違ってるから、訂正《ていせい》しておくようにね。

「北朝鮮がアジアの覇権《はけん》を握《にぎ》ることになる。韓国《かんこく》は三日で落ちる」。

これが正しい予言だからな。俺《おれ》の予言はそういうことだ。三日あれば落とせる。

韓国は油断してるかもしらんな。わしが、今、霊界《れいかい》で地下坑道《こうどう》を掘《ほ》っていると思うかもしらんけれども、地上だってねえ、韓国を攻《せ》めるための地下坑道をいっぱい掘ってるんだからね。

五百ぐらいの坑道から、北朝鮮軍が韓国のなかへ一気になだれ込《こ》んでいく。いきなり韓国の郊外《こうがい》に出てきて、背後から都市を襲《おそ》うので、防げないよ。「前からだけ攻撃《こうげき》してくる」と思っているなら、とんでもない。後ろから来るからね。坑道をもう五百本ぐらい掘ってある。まだそれに十分には気がついてないようだ。

綾織　はい。教えてくださって、本当にありがとうございます。

矢内　ありがとうございます。

金日成　うん。まあ、不意打ちには気をつけるようにな。かわいそうだのう。「知《ち》恵《え》がない」ということは、愚《おろ》かなことだ。
君たちもしっかり勉強したまえ。

矢内　貴重な情報をありがとうございました。

金日成　うん。じゃあ、そういうことで。今後、カニを食わんように。はい。

7 「南北朝鮮の平和裡《り》な統合」を祈《いの》りたい

大川隆法　こういうことでした。

明快な人で、〝立派な〟指導をしているようですが、深海のカニか洞窟《どうくつ》のクモのイメージに近いでしょう。クモより、もう少し凶暴《きょうぼう》なところがあります。

北朝鮮は、かわいそうな国ですね。

今度、カニ料理を大勢で食べにいかなくてはならないでしょうか（笑）。それだと意地悪ですかね。

歴史問題などについての「天のお裁き」は、もう、はっきり出ているようです。

歴史問題云々《うんぬん》を言って、日本に言いがかりをつけ、自分たちの怠慢《たいまん》や失敗を人のせいにしているわけですね。

中国にも、おそらく、同じようなものがつながっているとは思いますが、私たちが生きている間に、時代が変わるところが見られるかもしれません。

北朝鮮が三代で終わり、南北朝鮮が東西ドイツのように平和裡《り》に統合されることを祈《いの》りたいと思います。

「三十八度線」を守っている、北朝鮮の兵士たちが、みな、バンザイをし、武器を捨て、あの境界線を破って、韓国《かんこく》に合流すればよいのです。それで終わりです。戦争をやめて同胞《どうほう》と一緒《いっしょ》になったらよいのです。

そうしたら、北朝鮮は、海外の協力を受けられるようになり、海外から物資が入って、食べていけるようになるのです。

北朝鮮は、これから、ますます国内事情が厳しくなるので、居丈高《いたけだか》に振《ふ》る舞《ま》うでしょうが、基本的には、「内乱が起きやすい状態に近い」と感じられます。

北朝鮮の軍人も国民も、「アメリカと戦って勝てる」とは思っていないでしょう。そのため、三代目が本当にアメリカと戦うふりをしたら、国内で殺される可能性が高いかもしれません。
また、万一《まんいつ》、中国が北朝鮮と決裂《けつれつ》するようなことを公式に言い出したならば、この場合にも、三代目の命はない可能性が高いでしょうね。
幸福の科学は、頑張《がんば》って国際世論《せろん》をつくっていかなくてはなりません。今日の霊言《れいげん》を読んだら、朝日新聞の人たちは、また震《ふる》え上がるでしょうか。

矢内　そうですね。

大川隆法　かわいそうになあ。

矢内　そう思います。

大川隆法　ただ、内部的には、「君（矢内）だけがおかしくなった」と言いたいところなのでしょう。

矢内　朝日新聞の人たちは、今、だんだん、「自分たちのほうがおかしいのかな」という思いになってきています。

大川隆法　「あちら（北朝鮮）と〝地下〟でつながっているかもしれない」と思っていますよ。「朝鮮日報《にっぽう》の代わり」と言われたから、まずいでしょうね。

まあ、頑張りましょう。

以上です。

綾織・矢内　ありがとうございます。

あとがき

真の善悪とは何か、正邪とは何かを明らかにするために、北朝鮮の初代主席、金《キム》日成《イルソン》の地獄界での様子も描写してみた。

抗日・反日即正義という考えは、北朝鮮においても、韓国においても、中華人民共和国においても、地球的正義としては認められない。

中国の反日暴動で、「小日本」のプラカードで侮辱された日本には、今、真の救世主が生まれている。

それは、この国が、世界を照らす光として生き延びなければならないからである。

浅薄で見苦しい宗教性悪説で、「真理」を見る目を曇らせてはならない。私たちには託された未来があるのだ。とりあえず、この十年間で、東アジアの冷戦を終わらせ、北朝鮮、中国ともに、まともで理性的な議論のできる、自由な国へと変えてゆきたいと願っている。

二〇一三年　二月十五日

幸福《こうふく》の科学《かがく》グループ創始者兼総裁《そうししゃけんそうさい》　大川隆法《おおかわりゅうほう》

『北朝鮮の未来透視に挑戦する』大川隆法著作関連書籍

『永遠の法』（幸福の科学出版刊）
『エドガー・ケイシーの未来リーディング』（同右）
『イスラム過激派に正義はあるのか』（同右）
『宗教決断の時代』（同右）
『金正日守護霊の霊言』（同右）
『幸福実現党に申し上げる』（幸福実現党刊）
『北朝鮮――終わりの始まり――』（同右）
『温家宝守護霊が語る　大中華帝国の野望』
――同時収録　金正恩守護霊インタヴュー――（同右）

北朝鮮《きたちょうせん》の未来透視《みらいとうし》に挑戦《ちょうせん》する
――エドガー・ケイシー リーディング――

2013年2月21日　初版第1刷

著　者　　大《おお》 川《かわ》 隆《りゅう》 法《ほう》

発行所　　幸福の科学出版株式会社

〒107-0052 東京都港区赤坂2丁目10番14号
TEL(03)5573-7700
http://www.irhpress.co.jp/

印刷・製本　株式会社 堀内印刷所

落丁・乱丁本はおとりかえいたします

ISBN978-4-86395-312-3 C0031
Photo: AP/アフロ、朝鮮通信＝時事

大川隆法ベストセラーズ・**北朝鮮の指導者の本心**

北朝鮮 —終わりの始まり—

霊的真実の衝撃

「公開霊言」で明らかになった北朝鮮の真実。金正日が自らの死亡前後の状態を、後継者・金正恩の守護霊が今後の野望を語る。

【幸福実現党刊】

1,300円

温家宝守護霊が語る 大中華帝国の野望

同時収録 金正恩守護霊インタヴュー

核実験の思惑、深刻な食料問題、拉致問題の真相、朝鮮半島統一の野望――。北朝鮮の三代目・金正恩の心の内を明らかにする。

【幸福実現党刊】

1,500円

金正日守護霊の霊言

日本侵略計画（金正日守護霊） vs. 日本亡国選択（鳩山由紀夫守護霊）

金正日の守護霊を招霊し、日本へのミサイル発射の真意や恐るべき北朝鮮の野望などについて訊いた、衝撃のインタビュー。

1,000円

※表示価格は本体価格（税別）です。

大川隆法ベストセラーズ・中国の野望を見抜く

周恩来の予言

新中華帝国の隠れたる神

北朝鮮のミサイル問題の背後には、中国の思惑があった！ 現代中国を霊界から指導する周恩来が語った、戦慄の世界覇権戦略とは!?

1,400円

中国と習近平に未来はあるか

反日デモの謎を解く

「反日デモ」も、「反原発・沖縄基地問題」も中国が仕組んだ日本占領への布石だった。緊迫する日中関係の未来を習近平氏守護霊に問う。

【幸福実現党刊】

1,400円

李克強 次期中国首相本心インタビュー

世界征服戦略の真実

「尖閣問題の真相」から、日本に向けられた「核ミサイルの実態」、アメリカを孤立させる「世界戦略」まで。日本に対抗策はあるのか!?

【幸福実現党刊】

1,400円

幸福の科学出版

従軍慰安婦問題と南京大虐殺は本当か？

左翼の源流 vs. E.ケイシー・リーディング

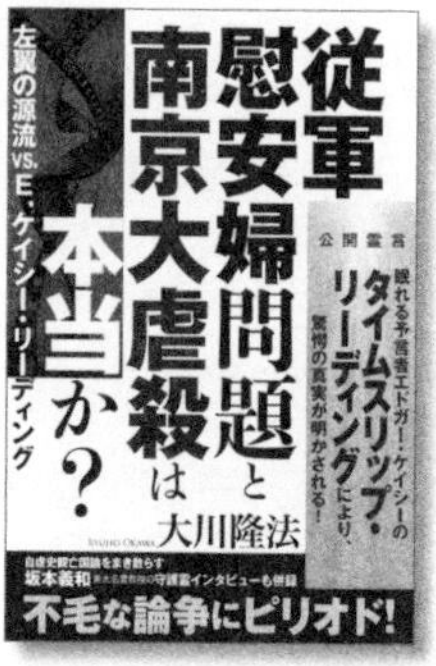

「従軍慰安婦問題」も「南京事件」も中国や韓国の捏造だった！ 日本の自虐史観や反日主義の論拠が崩れる、驚愕の史実が明かされる。

1,400円

中国「秘密軍事基地」の遠隔透視

中国人民解放軍の最高機密に迫る

人類最高の霊能力が未知の世界の実態を透視する第二弾！ アメリカ政府も把握できていない中国軍のトップ・シークレットに迫る。

1,500円

孫文のスピリチュアル・メッセージ

革命の父が語る中国民主化の理想

中国や台湾で「国父」として尊敬される孫文が、天上界から、中国の内部情報を分析するとともに、中国のあるべき姿について語る。

1,300円

※表示価格は本体価格(税別)です。

大川隆法 ベストセラーズ・国難を打破する

政治と宗教の大統合

今こそ、「新しい国づくり」を

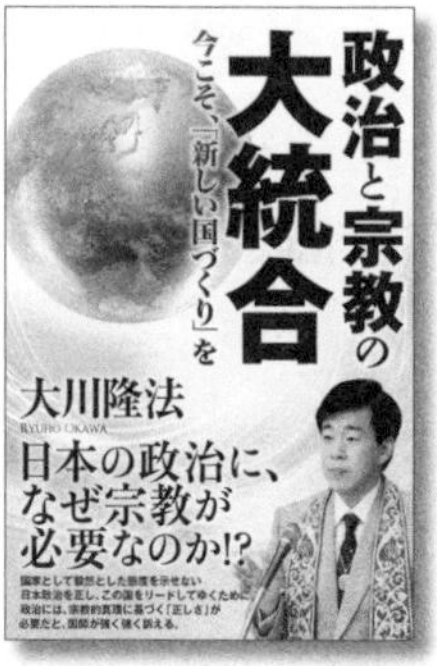

国家の危機が迫るなか、全国民に向けて、日本人の精神構造を変える「根本的な国づくり」の必要性を訴える書。

1,800円

国を守る宗教の力

この国に正論と正義を

３年前から国防と経済の危機を警告してきた国師が、迷走する日本を一喝！ 国難を打破し、日本を復活させる正論を訴える。
【幸福実現党刊】

1,500円

平和への決断

国防なくして繁栄なし

軍備拡張を続ける中国。財政赤字に苦しみ、アジアから退いていくアメリカ。世界の潮流が変わる今、日本人が「決断」すべきこととは。
【幸福実現党刊】

1,500円

※表示価格は本体価格（税別）です。

幸福の科学グループのご案内

宗教、教育、政治、出版などの活動を通じて、地球的ユートピアの実現を目指しています。

宗教法人　幸福の科学

一九八六年に立宗。一九九一年に宗教法人格を取得。信仰の対象は、地球系霊団の最高大霊、主エル・カンターレ。世界百カ国以上の国々に信者を持ち、全人類救済という尊い使命のもと、信者は、「愛」と「悟り」と「ユートピア建設」の教えの実践、伝道に励んでいます。

（二〇一三年二月現在）

公式サイト
http://www.happy-science.jp/

愛

幸福の科学の「愛」とは、与える愛です。これは、仏教の慈悲《じひ》や布施《ふせ》の精神と同じことです。信者は、仏法真理をお伝えすることを通して、多くの方に幸福な人生を送っていただくための活動に励んでいます。

悟り

「悟り」とは、自らが仏の子であることを知るということです。教学《きょうがく》や精神統一によって心を磨き、智慧《ちえ》を得て悩みを解決すると共に、天使・菩薩《ぼさつ》の境地を目指し、より多くの人を救える力を身につけていきます。

ユートピア建設

私たち人間は、地上に理想世界を建設するという尊い使命を持って生まれてきています。社会の悪を押しとどめ、善を推し進めるために、信者はさまざまな活動に積極的に参加しています。

国内外の世界で貧困や災害、心の病で苦しんでいる人々に対しては、現地メンバーや支援団体と連携して、物心両面に渡り、あらゆる手段で手を差し伸べています。

年間約３万人の自殺者を減らすため、全国各地で街頭キャンペーンを展開しています。

公式サイト
http://www.withyou-hs.net/

ヘレン・ケラーを理想として活動する、ハンディキャップを持つ方とボランティアの会です。視聴覚障害者、肢体不自由な方々に仏法真理を学んでいただくための、さまざまなサポートをしています。

公式サイト
http://www.helen-hs.net/

教育

学校法人 幸福の科学学園

幸福の科学学園中学校・高等学校は、幸福の科学の教育理念のもとにつくられた学校です。人間にとって最も大切な宗教教育の導入を通じて精神性を高めながら、ユートピア建設に貢献する人材輩出を目指しています。

幸福の科学学園
中学校・高等学校（男女共学・全寮制）
2010年4月開校・栃木県那須郡

TEL **0287-75-7777**
公式サイト
http://www.happy-science.ac.jp/

関西校（2013年4月開校予定・滋賀県）
幸福の科学大学（2015年開学予定）

仏法真理塾「サクセスNo.1」

小・中・高校生が、信仰教育を基礎にしながら、「勉強も『心の修行』」と考えて学んでいます。

TEL **03-5750-0747**（東京本校）

心の面からのアプローチを重視して、不登校の子供たちを支援しています。また、障害児支援の「**ユー・アー・エンゼル!**」運動も行っています。

不登校児支援スクール「ネバー・マインド」

幼少時からの心の教育を大切にして、信仰をベースにした幼児教育を行っています。

エンゼルプランV

学校からのいじめ追放を目指し、さまざまな社会提言をしています。また、各地でのシンポジウムや学校への啓発ポスター掲示等に取り組むNPO「いじめから子供を守ろう！ネットワーク」を支援しています。

公式サイト **http://mamoro.org/**

ブログ **http://mamoro.blog86.fc2.com/**

相談窓口 **TEL.03-5719-2170**

政治

幸福実現党

内《ない》憂《ゆう》外《がい》患《かん》の国難に立ち向かうべく、二〇〇九年五月に幸福実現党を立党しました。創立者である大川隆法党総裁の精神的指導のもと、宗教だけでは解決できない問題に取り組み、幸福を具体化するための力になっています。

党員の機関紙
「幸福実現News」

TEL 03-6441-0754
公式サイト
http://www.hr-party.jp/

出版 メディア 事業

幸福の科学出版

大川隆法総裁の仏法真理の書を中心に、ビジネス、自己啓発、小説など、さまざまなジャンルの書籍・雑誌を出版しています。他にも、映画事業、文学・学術発展のための振興事業、テレビ・ラジオ番組の提供など、幸福の科学文化を広げる事業を行っています。

TEL 03-5573-7700
公式サイト
http://www.irhpress.co.jp/